상담을 통해 본 이단의 모습

신학박사 최병규

책을 내면서

유한한 인간이 무한하신 하나님을 알게 되고 믿게 된다는 것은 기적이 아닐 수 없습니다. 거룩하신 그분의 성령에 의하여 신앙의 불꽃이 점화될 때부터 우리들은 거룩한 열망에 사로잡히게 되고 굳센 믿음을 가지게 됩니다. 신앙인의 존재 의의는 죄인을 부르신 하나님의 부르심에 감사하며 그분을 영화롭게 하기 위하여 최선을 다하는 삶에 있습니다. 이 얼마나 고귀하며 존귀한 생애입니까?

그러나 종종 우리들은 하나님을 앎에 있어서 그릇된 이단적인 가르침에 직면하여 혼란을 경험하게 됩니다. 그리하여 삶의 전 체계가 흔들리기도 합니다. 필자는 길지 않은 상담사역 기간 동안에 이러한 문제로 고민을 호소해오는 내담자들을 접하게 될 때마다 때로는 그들을 격려하며 때로는 탄식하며 때로는 좌절하기도 했습니다. 이단 혹은 사이비 단체들이 어떻게 저렇게까지 한 인간의 삶을 황폐시켜버릴 수가 있을까? 어떻게 하면 가능한 한 순수한 성도들로 하여금 이단 단체에 빠지지 않게 도울 수 있을까? 이러한 질문들을 하게 되었습니다. 그래서 필자의 상담사례들을 통하여 내담자들에 의하여 제기되었던 이단들의 어리석은 주장들에 대하여 간략하게 비판을 가하고 바른 신앙을 제시해 주려는 구상을 하게 되었습니다. 물론 이 책에서 다루고 있는 대부분의 주제들은 내담자들에게 의하여 제기된 질문들에 근거한 것입니다. 그분들을 상담한 내용에 기초하여 더 보완하여 집필한 것입니다. 그러나 일부 주제들은 필자가 이단 혹은 이설주장자들을 조사하고 연구하는 과정 속에서 발견한 사실들을 독자의 유익을 위하여 질문형식으로 만들어 설명하기도 했습니다.

이 책자는 이단이나 이설주장자들의 이름을 직접 거명하지 않았습니다. 그것은 예기되는 여러 불필요한 문제점들을 유발시키지 않으려는 필자의 의도도 있었거니와 무엇보다도 평신도들이 이 책을 읽어보면서 자신의 문제점을 직접 파악하여 자가진단을 내리도록 하기 위함입니다.

이 책이 나오기까지는 부족한 저에게 상담을 요청하신 수많은 분들이 계십니다. 그분들의 비밀이 보장되어야 하므로 이 책에서 필자는 그들의 상담과정 속에서 말씀하셨던 대부분의 인명, 지명, 단체명들을 익명 혹은 간략한 약자로 처리했습니다. 그분들께 감사드리며, 부디 저에게 상담을 요청해 오셨던 그분들이 지금은 이단사이비 단체들에서 나와 기성교회에서 열심히 주님을 섬기고 있기를 소망합니다.

끝으로 필자의 이단관련 첫 저술이었던 『이단 진단과 대응』을 내어주셨고, 이번에 이렇게 또 『상담을 통해 본 이단의 모습』을 기꺼이 출판해 주시는 은혜출판사 장사경 사장님께 마음 깊이 감사드리며, 이 책이 나오기까지 필자에게 자문과 조언과 협력을 아끼지 않으셨던 모든 분들께 감사드립니다.

2005. 11. 28.
양수리 수양관에서
石川 崔柄圭

이단 문제로 고민하는 분들을 위한 기도

주님!

뜻하지 않게 이단에 연루된 주의 자녀들을 기억해 주십시오. 그들의 번민과 고통을 달래어 주십시오. 그들로 인하여 함께 고통 당하는 그들의 가족들을 위로해 주십시오. 어찌해야 할 바를 알지 못하고 있는 그들에게 용기있게 잘 대처해 나갈 수 있도록 주님의 지혜를 주십시오. 그리고 그들이 이단 사이비 단체들의 가르침으로부터 나와서 길이요 진리요 생명이 되시는 주님께로 나아갈 수 있도록 그 길을 가로막고 있는 모든 장애물들을 제거하여 주십시오.

주님!

그들을 주님의 능력으로 강하게 해 주십시오. 그릇된 가르침의 늪에서 헤어날 수 있도록 주님의 강력으로 역사해 주십시오. 악인이 그 길을 도모할지라도 그러한 시도들이 우리 주님의 능력 앞에서는 와해되어버릴 수밖에 없는 것을 믿습니다. 주님의 능하신 오른 팔로 그들을 안으시고 구출하여 주십시오. 그들이 인간의 그릇된 가르침이 아니라, 진리이신 주님을 바로 알아가고 주님 안에서 참된 자유를 경험하고 누리게 해 주십시오.

주님!
어찌해야 할 바를 알지 못하고 혼돈 가운데 지쳐있는 주님의 자녀들을 오늘도 견고하게 붙들어 주십시오. 그들의 의지력을 새롭게 해 주십시오. "나의 힘이 되신 주여 내가 주를 사랑하나이다"라고 고백하며 지금 이 순간에도 힘을 얻게 해 주십시오. 예수 그리스도의 이름으로 기도합니다. 아멘.

2005. 12. 16 이른 아침

Contents

- 계시론 _ 15
- 구원론 _ 23
- 귀신론 _ 41
- 기도원 _ 47
- 내세론 _ 51
- 대학 캠퍼스 _ 69
- 마귀론 _ 76
- 말세론 _ 76
- 목회 _ 77
- 성령론 _ 89
- 신앙생활 _ 95
- 신유 _ 113
- 신학 _ 119

- 영서 _ 125
- 영성 _ 127
- 예배관 _ 145
- 이단구출 _ 147
- 이단규정 _ 159
- 인간론 _ 165
- 전통종교 _ 167
- 종말론 _ 168
- 죄론 _ 168
- 창조론 _ 169
- 천사론 _ 173
- 침투전략 _ 175
- 회개론 _ 179

상담을 통해 본
이단의 모습

- 부록 _ 191
  1. 직통계시와 계시의 종료성 문제에 대한 개혁주의적 입장 _ 192
  2. 직통계시 형태에 대한 칼빈의 견해 _ 199

- 에필로그
- 참고도서
- 색인

상담을 통해 본 이단의 모습

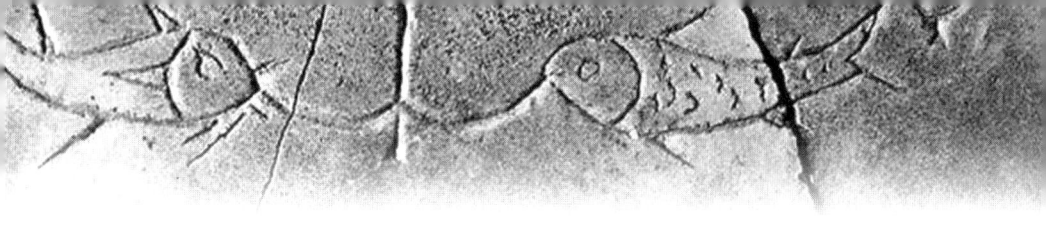

계시론 (성경관)

Q1. 사람의 말이 성경보다 더 높은 권위를 가질 수 있나요?

어느 단체에 대한 잡지를 입수한 어느 분으로부터 걸려온 상담전화였다. "목사님, 최근에 제가 보았던 잡지는 ○○연구회에서 펴냈는데, 그 내용들을 살펴보니까 하나님의 말씀 자체에 대한 권위보다는 H씨의 말씀 해석에 대한 권위가 더 높아 있는 듯합니다."라는 내용이었다. 필자도 그 잡지를 전달받아 살펴보니 그 내용은 언급한 그 사람 개인의 권위를 추앙하는 내용 일색이었다.

이 세상에는 하나님의 말씀의 뜻을 참으로 쉽고도 명쾌하게 풀이해 주는 설교자들이 많다. 설교자들의 간절한 소망이 있다면 그것은 하나님의 말씀을 잘 풀어서 양떼들에게 먹이는 일이다. 그러나 설교자는 결코 자신이 높아지면 안 된다. 설교자는 오직 자신의 부족을 사용하셔서 큰 역사를 이루시는 하나님의 놀라우신 은혜를 찬양할 뿐이다. 그런데 필자가 그 내담자로부터 건네받은 그들의 잡지에는 시종일관 그들의 그 지도자를 칭송하고 추앙하는 분위기였다. 그 순간 필자의 마음속에서 탄식 섞인 반문이 흘러 나왔다: '과연, 이렇게 해도 되는가!' 그는 그의 추종자들을 잘못 교육시킨 것이다. 그렇지 않고서는 그 추종자들이 하나같이 주님이 아닌 그 인간 지도자를 높이는 행위를 일삼지는 않았을 것이다. 부디 한국교회의 강단에서 그와 같은 설교자가 더 없기를 소망할 뿐이었다.

이단의 미혹에 빠져있는 성도들을 포함하여 모든 크리스천들은 목회자들이 말씀을 정당하게 선포할 때 그를 존중해야 하겠지만, 그 설교자를 우상화하거나 추앙할 필요는 없다. 왜냐하면 설교자는 하나님의 거룩하신 뜻을 선포하는 그 사역을 통하여 하나님께만 영광을 돌려야 할 의인이면서 동시에 죄인이기 때문이다. 그러므로 인간의 삶 전체와 설교를 통하여 오직 드높아져야 할 것은 하나님의 영광이다. 그러므로 그러한 종류의 설교를 듣는다든지 책을 접하게 되면 이러한 기준에서 평가할 줄 알아야 할 것이다. 그러한 사람이야 말로 성숙한 신자인 것이다.

Q2. '진리' 와 '말씀' 은 다른가요?

'진리'는 '사망'이요 말씀은 생명이란 틀을 가지고 있는 모 교회 지도자와 연관되는 질문이었다. 정통교회라고 할지라도 진리 차원에 머무는 것인데 그것을 벗어나 말씀의 차원에 이르지 못하면 결국 사망이라고

전한다는 것이다. 그 주장자는 자신이 지리산에서 기도하다가 비밀 말씀을 받았다는 것이다. 그가 하늘의 큰 소리를 들어서 교회를 세웠으며, 말씀의 아버지인 자신에게만 구원이 있다고 주장한 것이다.

그러나 과연 '진리'와 '하나님의 말씀'은 다른 것인가? 그렇지 않다. 하나님의 말씀이 진리라고 하는 사실은 여러 성경 구절에서 증명하고 있다. 시편 119편 105절에서 시인은 고백하기를 "주의 말씀은 내 발에 등이요 내 길에 빛이니이다"라고 했으며, 이사야서 40장 8절에서는 "풀은 마르고 꽃은 시드나 우리 하나님의 말씀은 영영히 서리라"고 했다. 신약성경 히브리서 4장 12절에서는 "하나님의 말씀은 살았고 운동력이 있어 좌우에 날선 어떤 검보다도 예리하여 혼과 영과 및 관절과 골수를 찔러 쪼개기까지 하며 또 마음의 생각과 뜻을 감찰"하신다고 하며, 베드로전서 1장 25절에서는 "오직 주의 말씀은 세세토록 있도다 하였으니 너희에게 전한 복음이 곧 이 말씀이니라"고 하신다. 그리고 우리 주님의 바로 그 입에서 나오신 말씀이 하나님의 말씀이 곧 진리라고 입증해 주신다: "저희를 진리로 거룩하게 하옵소서 아버지의 말씀은 진리니이다"(요 17:17). 하나님의 말씀은 곧 진리라는 것을 강조하시는 표현들이 성경에 이처럼 많이 열거되어 있는데도 '말씀'과 '진리'가 다르다고 주장하는 것은 옳지 못하다.

Q3. '환상'을 보았다고 그것을 마치 성경처럼 얘기하는데 과연 그런가요?

자신의 집에서 가까운 어느 곳에서 열리는 기도원의 기도회에 가 보았던 성도의 말이다: "어느 여자 분이 말씀을 증거하고 있었는데, 자신이 보았던 환상을 성경처럼 얘기하더군요. 그분이 보았던 사실은 과연 성경처럼 그대로 받아들여도 될까요?" 이것은 소위 영적으로 깊이가 있다고 하는 분들이 조심해야 할 부분이다. 물론 하나님을 신앙하는 사람들에게 하나님은 다른 방편들과 함께 종종 '환상'이라고 하는 방법을 사용하시기도 했다. 신약시대를 거쳐 현대에 이르기까지 종종 환상을 보았다고 하는 이들을 만나게 된다. 그들에게 임한 환상들이 거룩하신 영에 의하여 주어진 것일 수도 있음을 우리는 거부하지 말아야 한다. 그러나 그럼에도 불구하고 그러한 '환상'이 '성경'처럼 여겨져서는 되지 않는다. 왜냐하면 하나님의 말씀으로서의 '성경 기록'은 이미 종료 즉 완료되었기 때문이다.

Q4. 목사님, 현대에도 누군가가 성경을 기록할 수 있나요?

어느 지역 성도로부터 걸려온 상담전화였다. 아니 그것은 상담이라기보다는 오히려 제보에 가까운 전화였다. 성경 원어에 익숙한 누군가가 창세기에 관계된 이름으로 새로운 성경책처럼 만들어 냈으며, 예수님의 복음서의 정체에 대해서도 그리고 예언서의 모습 등에 대해서도 '~의 참모습'이라는 제목을 붙인 책자들을 냈다는 제보였다. 인간이 성경 아닌 성경을 만들어 낸 경우이다.[1] 평범한 신자들은 '~의 참모습'이라는 표현을 들으면 마치 자신이 알고 있는 것이 미흡하거나 불충분했던 것으로 느끼면서 전혀 낯선 문구를 가지고 교묘히 접근하는 이들의 포교에 귀가 솔깃해질 수도 있다. 당신이 믿어온 것은 부족한 것이었지만 이제 나는 당신에게 완전하고도 분명하게 설명해 줄 수 있다는 식이다. 그러한 주관에 치우친 성경 해설집을 마치 성경인 것처럼 제시해오는 것이다.

Q5. KJV 성경만이 절대적인 번역인가요?

지방에 있는 HD교단의 모 성도가 상담을 요청해 왔는데 그것은 성경 중에 특정한 하나의 성경 번역본만이 절대적이라고 주장해 온 단체에 대한 것이었다. 영어 성경 중에도 오직 킹제임스역(King James Version) 즉 KJV만이 올바른 성경 역본이라고 주장하는 단체에 대한 질문이었다. 그 단체는 기존의 한글 개역 성경으로는 구원을 받을 수 없고, 오직 KJV 성경만이 변개되지 않은 유일한 하나님의 말씀이라고 주장한다. 그것은 상당히 신학적인 주제이다. 그들의 주장에 의하면 하나님은 특별한 섭리로 그분 자신의 말씀을 변개되지 않게 하셨는데, 그렇게 보존된 헬라

---

1) Hoekema, *The Four Major Cults* (Grand Rapids, Michigan: W. B. Eerdmans Publishing Company, 1986), p. 378에서 Hoekema는 Hutten의 *Die Glaubensweld des Sektierers*를 인용하면서 이단은 다른 한 손에 또 다른 성경을 가지고 있음을 언급한 바 있다. Cf. 최병규, 『이단진단과대응』(은혜출판사, 2004), pp. 83-88.

어 성경 사본은 보편적으로 수용된 본문인 T.R (Textus Receptus, Received Text)이며, 이 T.R에서 번역된 KJV와 같은 성경만이 진정한 하나님의 말씀이라는 것이다. 그리고 그들은 주장하기를, "〈개혁한글판 성경〉으로는 진리의 조명을 받을 수가 없다."고 한 바 있다.[2] 그러나 그러한 주장에는 예장합동 총회에서도 밝힌 바 있듯이 "독단성과 아집과 공격성"이 들어 있다 할 것이다.[3]

그러면, 그들이 주장하는 T.R은 어떤 사본인가? T.R은 여러 사본들 중 하나이다. 그런데 훌륭한 많은 사본들 가운데 유독 TR 헬라어 사본만이 진정한 성경이라는 주장은 어불성설이다. KJV는 1611년 영국왕 James 1세 때 영어로 번역된 것으로 James왕이 그 권위를 인정했다고 해서 King James Version이라고 일컬어진다. KJV는 당시로도 전혀 새로운 성경이 아니라 그 이전의 번역판들에 대한 개정판이었고 에라스무스의 TR을 사용하였는데, T.R은 소수의 헬라어 사본을 사용하여 만든 것이었다. 그러나 현대는 KJV가 번역될 당시보다도 훨씬 더 많은 고고학적 발굴들과 더 깊은 연구들로 인하여 성경의 의미를 더욱 풍성하게 드러낼 수 있게 되었다. 이러한 상황 속에서 오직 KJV만을 절대시한다는 것은 타당하지 못하다. KJV가 좋은 번역이고 훌륭한 것은 사실이지만, 그 역시 번역본들 중의 하나임을 잊지 말아야 하며, 다른 번역본들의 훌륭한 점들도 동시에 인정되어야 한다.

---

[2] 한기총, 『이단사이비 종합자료 2004』(한기총 이단사이비대책상담소, 2004), p. 110. 합동총회 제83회 총회 시 연구보고서(1998).
[3] Ibid., p. 109.

Q6. 우리가 가지고 있는 성경만으로는 하나님의 뜻을 다 알 수가 없나요?

K목사와 관련된 상담이었다. K씨의 주장은 다음과 같았다: "성령의 역사는 성경보다 풍부하고 풍성합니다. 성령의 활동은 성경의 테두리를 초월하실 수 있다는 것을 알아야 합니다. 마치 '성경'이란 아침 햇살이 문틈으로 새어 들어옴 같이 하나님의 모든 성품과 그 능력과 역사 가운데서 지극히 적은 부분이 비추인 책이라는 것을 알아야 합니다. 현재 성경으로서는 예수 그리스도를 다 알지 못합니다." 이와 같은 주장은 성령의 역사를 강조함으로써 성경의 절대적 권위를 제한 혹은 경시하는 태도에서 비롯된 것임을 알아야 하겠다.

Q7. 성경 가운데서도 '특별히 중요한' 책들이 있나요?

이것은 L씨의 사상과 관련된 문제였다. 마태복음 24장과 요한계시록만이 새언약이며, 신약과 구약은 무효라고 주장한 것에 대한 것이다.[4]

초대교회 시기에도 사도행전과 바울의 저작들만을 정경으로 받아들이려고 한 시도가 있었다. 2세기의 마르시온(Marcion)은 그 자신의 특수한 원리에 의하여 구약성경 전체와 신약성경의 많은 부분들을 그의 정경에서 제외시키기도 했다. 이설주장자들이나 편견에 치우친 이들이 '성

---
4) 대한예수교장로회총회(통합) 편, 『사이비이단연구보고집』(한국장로교출판사, 2001), p. 177.

경 가운데도 더 중요한 성경'이 있는 것처럼 묘사하는 경우가 있는데 그것은 그릇된 시도이다. 모든 성경들은 사도시대까지 성령의 인도 하에 기록되어졌으며 또 충족성을 지니고 있기 때문이다.

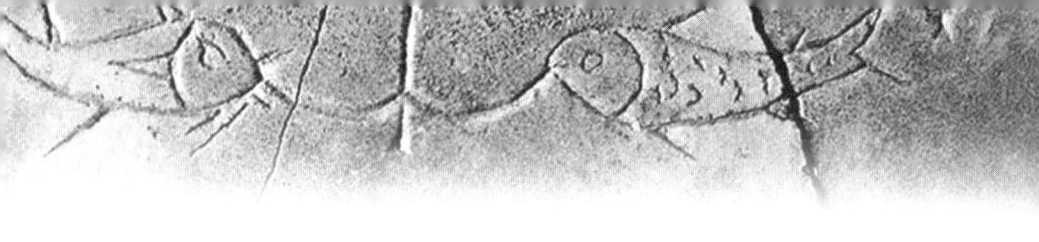

Q1. 목사님, 제가 거듭난 날짜를 모르면 구원받지 못한 건가요?

빈번하게 받는 상담 중의 한 가지는 바로 이러한 질문이다.

"목사님, 제가 거듭난 날짜를 모르면 구원받지 못한 것일까요? 제가 친구를 따라서 어떤 집회에 가 보았는데 그때 어느 목사님이 그렇게 말씀하시더군요." 이 질문을 해 오는 분들은 종종 자신의 구원에 대하여 확신을 가지고 있지 못한 이들이라고 할 수도 있다. 성도가 자기 자신의 구원에 대하여 확신을 가지고 있으면 생활 속에서 영적 활기를 띠게 되지만 그렇지 못할 경우에는 교회에 다니기는 하지만 진정한 기쁨을 누리지 못하고 짐이 되는 수가 있다. 그러나 구원의 확신 문제는 다수의 성도들이 한두 번 혼란스럽게 생각할 수도 있는 문제이다. 구원의 확신이 흔들리는 이유는 다양할 수 있다. 자신의 신앙생활에 이상이 왔을 경우에 특히 자신이 죄를 범하는 생활 속에서 헤어나고 있지 못할 때에 그럴 수 있다. 그럴 때 신자들은 구원의 확신을 가지지 못하고 존재의 불안에 휩싸이게 된다.

언젠가 이와 유사한 경우를 상담한 적이 있다. 어느 이단 관련 여신도가 서울의 어느 교회에 다니는 어느 집사님에게 접근해와서 질문하기를, "집사님은 구원받으셨어요?"라고 하는 것이었다. 그런데 처음에는 "그래요, 저는 구원받았어요."라고 대답하던 그 집사님에게 연거푸 그 동일한 질문을 해 왔을 때, 집사님은 순간 자신이 없어지더라는 것이다. 믿음으로 구원받는다는 사실을 기억할 때에는 자신이 구원받았다고 하는 확신이 들면서도 동시에 자신의 최근 생활 모습을 생각해 볼 때에는 그 자신감이 흔들리더라는 것이다. 이처럼 이단 추종자들은 성도의 '구원의 확신' 문제에 대한 의아심을 부추킴으로써 그의 신앙의 전 시스템을 흔들어 놓고 그들의 교리를 제시하기 시작하는 것이다.

그때 필자는 그 내담자에게 다음과 같이 확인 질문을 했다: "집사님은 구원받으셨습니까?" 그러자 집사님은 "네, 그렇습니다."라고 명백하게 말했다. 그때 필자는 다시 그분께 말했다: "그러면 집사님이 구원받으셨다는 것을 자신의 감정의 기복이나 신앙생활 모습들에 따라 말씀하지 마십시오. 한 번 구원받은 성도라면 그 구원을 잃어버릴 수 없기 때문입니다."라고 말씀드렸다. 성도는 자신이 현재 주님을 믿고 있다면 구원 얻은 증거를 가지고 있는 것이다. 구원은 믿음으로 말미암는다. 믿음은 하나님의 말씀을 통하여 성령의 역사에 의하여 주어진다.

우리는 여기에서 "우리가 하나님과의 관계 속에 있다고 하는 지식의 기초는 우리의 느낌들(feelings)이 아니라 우리가 그 관계 속에 있다고 그분이 말씀하시는 그 사실에 있다."고 언급한 존 스토트(John Stott)의 말을 기억할 필요가 있다.[5]

그에 의하면 "우리가 우리 자신에게 치러 봐야 할 시험은 주관식이 아니라 객관식이라"고 했다. 그가 그렇게 말한 이유는 우리가 하나님의 자녀됨을 확신할 수 있는 방법은 성경에 기록되어져 있는 하나님의 약속의 말씀들을 쳐다봐야 한다는 의미에서이다.[6]

사도행전 16장 31절에서는 "주 예수를 믿으라 그리하면 너와 네 집이 구원을 얻으리라"고 하셨고, 요한복음 1장 12절에서는 "영접하는 자 곧 그 이름을 믿는 자들에게는 하나님의 자녀가 되는 권세를 주셨으니"라고 하셨으며, 요한일서 4장 15절 말씀에서는 "누구든지 예수를 하나님의 아들이라 시인하면 하나님이 저 안에 거하시고 저도 하나님 안에 거하느니라"고 말씀하셨으므로 성도는 비록 자신이 구원받은 일시를 기억하지 못하고 현재의 삶이 나태해져 있고 불순종하는 면들이 다소 있어도(이 부분들은 회개를 통하여 고쳐나가야 함.) 구원에 대하여 주님께서 말씀하시는 사실들에 근거하여 구원의 확신을 가질 수 있는 것이다.

---

5) John R. W. Stott, *Basic Christianity* (Downers Grove, Illinois: Inter-Varsity Press, 1971), p. 133.
6) Ibid, pp. 133-134. 여기에서 존 스토트는 말하기를 성경은 하나님의 약속들로 가득 찼다(Now the Bible is full of the promises of God)고 한다. 그러면서 그가 제시하는 구절들은 다음과 같다: 요 6:37; 요 10:28; 히 13:5,6; 고전 10:13; 요일 1:9; 약 1:5 등이다.

Q2. 구원받은 성도라고 할지라도 순종하지 않으면 구원을 잃어버릴 수 있다는 말이 맞나요?

단언하자면, 한 번 구원받은 성도는 그 구원을 잃어버릴 수 없다. 하나님의 성령으로 중생케 한 성도들을 하나님은 끝까지 보존하신다. 그러나 교회의 역사상 많은 이들이 구원받은 이들이라도 순종하지 않을 때 마치 그것을 잃어버릴 수 있다고 오도했다. 최근에도 한국교회 내에는 이와 같은 주장을 하는 이들이 있다. 다음은 그와 같은 주장들 중의 하나이다: "고린도전서 12장 3절에는 성령으로 아니하고는 누구든지 예수를 주라고 시인할 수 없다고 했습니다. 따라서 '주의 이름을 불렀다' 는 것은 하나님의 은혜와 성령의 역사로 예수 그리스도의 이름을 믿고 예수님을 나의 주, 나의 하나님으로 영접했다는 뜻입니다. 그러나 예수님은 나더러 주여 주여 하는 자마다 천국에 다 들어갈 것이 아니요 다만 하늘에 계신 내 아버지의 뜻대로 행하는 자라야 들어가리라"(마 7:21)고 말씀하셨습니다. "또 주의 이름으로 선지자 노릇하며… 할지라도 하나님의 뜻대로 행하지 아니하고 불법을 행하면 결단코 들어가지 못하게 된다"(마 7:22-23)고 말씀하셨습니다.

이처럼 구원을 잃어버릴 수 있는 것으로 묘사한다. 그러나 과연 구원받은 신자는 구원을 잃어버릴 수 있는가? 그렇지 않다. 구원받은 하나님의 자녀는 끝날까지 그 구원을 보장받는다. 그것이 바로 정통 기독교에서 견지해온 교리이다.[7] 이제『웨스트민스터 대교리문답』에서 '성도의 구원'에 대하여 어떻게 기록하고 있는지를 소개한다. 제81문답의 내용은 다음과 같다.

> 문: 모든 진실한 신자들은 그들이 지금 은혜의 상태에 있음과 장차 구원받을 것을 항상 확신하는가?
> 답: 은혜와 구원의 확신이 신앙의 본질에 속한 것이 아니므로, 진실한 신자들도 확신에 이르기까지 오래 기다릴 수 있으며, 이러한 확신을 누린 후에도 다양한 병리, 죄, 유혹, 이탈 등으로 인하여 확신이 약화되거나 중단되기도 한다. 그러나 하나님의 영이 버려두지 않고 동행하며 붙드심으로 결단코 전적인 절망에 빠지지 않도록 지키신다.

이 권위 있는 문답서에서 가르치는 바는 무엇인가? 구원의 확신을 누린 후에도 다양한 병리, 죄, 유혹, 이탈 등으로 인하여 확신이 약화되거나 중단되기도 하지만, 그러나 하나님의 성령께서는 그들을 버려두지 않고 동행하시며 붙들어주시며 결코 전적인 절망에 빠지지 않도록 지켜주신다는 것을 명시하고 있다. 그렇다. 신자의 구원이라는 것은 하나님의

---

7) 이 사실은 『웨스트민스터 신앙고백서』(Westminster Confession of Faith, 이하 WMC로 표기) 제18장 '은혜와 구원의 확신에 대하여' 부분에서 자세히 언급되고 있다. 18장 3절과 4절에서는 다음과 같이 명시하고 있다: 3절. 이 무오한 확신은 신앙의 본질에 속한 것이 아니라, 참된 신자일지라도 이 확신에 이르기까지 오래 기다리며 많은 어려움과 갈등을 겪을 수 있다 (요일 5: 13; 사 50:10; 막 9:24; 시 88; 77:1-12). 그러나 하나님이 그에게 은혜로 주신 것을 알 수 있도록 성령이 역사하심으로, 그는 비상한 계시 없이도 일반적인 방편의 적절한 사용으로 이 확신에 이를 수 있다 (고전 2:12; 요일 4:13; 히 6:11,12; 엡 3:17-19). 4절. 진실한 신자라 할지라도 구원의 확신이 여러 가지 방식으로 흔들리기도 하고 흐려지기도 하며 중단되기도 한다. 이런 일은 확신을 보존하는데 게을리 하거나, 양심에 상처를 입히며 성령을 근심케 하는 특별한 죄에 빠지거나, 갑작스런 혹은 격렬한 유혹에 의해서, 또는 하나님이 그 얼굴빛을 거두어 심지어 그를 두렵도록 빛이 전혀 없는 흑암 중에 걷게 하는 고난을 주심으로 일어난다 (시 51:8, 12, 14; 엡 4:30,31; 시 77:1-10; 마 26:69-72; 시 31:22; 88. 사 50:10). 그러나 그들은 결코 하나님의 씨와 신앙의 생명, 그리스도와 형제를 향한 사랑, 마음의 진지함과 책임감의 양심을 아주 저버리는 것이 아니다.

절대적인 주권에 의한 것이다. 결코 그것은 신자들의 감정적인 기복에 의하여, 또는 신자들의 생활과 행위에 의하여 좌우되는 것이 아니다.[8] 그리고 『도르트 신경(Canons of Dordt)』 역시 이 부분에 대하여 분명하게 언급하고 있다.[9]

그러므로 하나님의 자녀된 신자들은 자신이 받은 구원에 대하여 지속적으로 확신을 가질 수 있는 것이다. 다만 구원의 확실성이 흔들릴 위기가 찾아올 때 겸손하게 하나님께 의존하면서 성령의 은혜를 구해야 한다. 주의 성신을 거두지 마시고 구원의 즐거움을 회복시켜달라고 한 다윗이 시편 51:11-12의 기도처럼 성령의 은혜와 충만을 구하는 기도를 드리고 삶 속에 잃었던 질서들을 다시 회복하기만 한다면 구원의 확신을 뒤흔들어 놓으려고 하는 사탄의 도전은 물러가게 된다.

그러므로 가령 어느 이단에 속한 이가 성도에게 찾아와서, '당신은 구원받았는가?' '언제 어디서 구원받았는가?' 를 질문하더라도 하나님의 은혜로 얻은 구원에 대하여 확신을 가지고 대답할 수 있어야 하겠다. 자신이 구원받은 일시(日時)를 정확하게 말할 수는 없을지라도 현재 즉 지금 여기에서(here & now) 주 예수 그리스도가 자신의 구세주이신 것을 믿고 있다고 대답하면 되는 것이다. 이러한 대답을 뒷받침해 주는 성경의 근거들은 어디에 있는가? 다음 성경 구절들은 그러한 질문들을 받았을 때 유용하게 제시할 수 있다.

---

8) Robert Shaw, *An Exposition of the Westminster Confession of Faith* (Christian Focus Publications, 1998), p. 239. Shaw는 이 부분에 대하여 설명하기를, 이 확신은 신자들로 하여금 죄에 빠지도록 격려하는 것이 아니라 신자들이 거룩을 추구하도록(vigorous pursuit of holiness) 자극해주는 것이며, 그리고 하나님의 모든 계명들 속에서 하나님과의 동행 없이는 얻어질 수 없고 보존될 없는 것 '이라고 설명하고 있다.
9) *Canons of Dordt*, Fifth head: pars. 3-5.

먼저 로마서 10장 9-10절에서는 말하기를, "네가 만일 네 입으로 예수를 주로 시인하며 또 하나님께서 그를 죽은 자 가운데서 살리신 것을 네 마음에 믿으면 구원을 얻으리니 사람이 마음으로 믿어 의에 이르고 입으로 시인하여 구원에 이르느니라"고 말씀하신다. 이 말씀을 통하여 알 수 있는 사실은 무엇인가? 그것은 곧 구원받은 사람은 '예수 그리스도를 시인' 하게 된다는 것이며, 또 시인하는 그 사람은 '구원' 받은 것이라는 사실이다.

그런가 하면 롬 8:14-16에서는 "무릇 하나님의 영으로 인도함을 받는 그들은 곧 하나님의 아들이라... 양자의 영을 받았으므로 아바 아버지라 부르짖느니라 성령이 친히 우리 영으로 더불어 우리가 하나님의 자녀인 것을 증거하시나니"라고 말씀하신다. 이 말씀 속에서 발견할 수 있는 의미는 곧 하나님을 '아버지'라고 부르고 있는 그 사실이야 말로 성령에 의하여 양자의 영을 받은 결과인 동시에 우리가 하나님의 자녀가 되었다는 것을 입증해주는 것이다. 갈 4:6의 말씀도 바로 이 사실을 입증해주고 있다. 또 다른 한 예를 살펴보면, 고전 12:3의 말씀에 "그러므로 내가 너희에게 알게 하노니 하나님의 영으로 말하는 자는 누구든지 예수를 저주할 자라 하지 않고 또 성령으로 아니하고는 누구든지 예수를 주시라 할 수 없느니라"는 말씀 역시 이러한 맥락에서 이해되는 표현이다.

그러므로 이단자들이 '구원의 확신' 문제로 접근해 올 때 자신의 구원문제에 대하여 확신이 서지 않아 고민하는 성도들이 있다면 주님이 하신 이러한 말씀들을 붙들어야 한다. 유한하고 나약하며 늘 변하는 세상 속에서 흔들리기 쉬운 존재인 우리들의 영혼을 견고하게 붙들어 주실 수 있는 것은 오직 주님의 말씀뿐이다. 이사야서의 말씀처럼 풀이 마르고 꽃이 시들어도 영영히 서는 것은 우리 하나님의 말씀이시기 때문이다. 그리고 『웨스트민스터 신앙고백서』에서 가르치듯이 성경 말씀만이 우리의 신앙과 행위의 유일한 규칙이기 때문이다.[10]

Q3. 십자가에서 피 흘리신 분이 하나님 아버지 맞나요?

어떤 설교자가 설교할 때에 아버지께 피 쏟아 우리를 낳으셨다고 한 말에 대한 상담이었다. 당시 필자는 이 부분에 대하여 저명한 이단 연구가와 검토하고 있던 중이었다. 과연 당시 어느 설교자는 말하기를 "아버지가 피 쏟아 낳아주셨다"고 한 것이다. 역사적 기독교가 견지해 온 사실은 '아버지가 피 흘리신 것'이 아니라 '아들이신 성자 예수께서 피 흘리셔서' 성도들을 구속하신 것이다. 그럼에도 불구하고 종종 신학적으로 체계적인 교육을 받지 못한 경우의 몇몇 이들이 이러한 표현을 빌려 설교하는 것이다.

그러나 그와 같은 표현은 심각한 문제를 야기시킨다. 왜냐하면 '아버지가 피 흘려 낳으셨다.'는 표현은 곧 교회사적으로 종종 출현했던 '양태론'이라고 하는 이단의 부류에서 주장해 오던 견해이기 때문이다. 그리고 다른 한편에서 보면 그것은 '성부고난설' 주장자들의 견해와 유사

---

10) WMC 1:2

한 형태를 지닌다고 볼 수 있다. 한국교회의 이단 가운데는 성부와 성자 동시 수난설을 주장하고 있는 이가 있다.[11]

"하나님 아버지가 지신 큰 십자가와 아들 예수가 지신 작은 십자가가 있었다." "아버지 가슴 한복판에 땅! 땅! 대못을 박으시는 것을 생각할 때에 가슴이 뭉클하고 고개가 떨구어진답니다."는 식의 표현들은 '아버지가 피쏟아 낳으셨다.'는 표현과 유사하다고도 볼 수 있을 것이다.

삼위일체론과 연관된 초기 교회사에서 대표적인 이단은[12] '양태론(Modalism)'이라고 할 수 있다. 주후 200년 경 사벨리우스(Sabellius)에 의해 주장된 이 교리는 성부, 성자, 성령을 단지 '한 하나님의 세 존재 양태 혹은 현현으로 이해' 했다. 즉 하나님은 시대와 환경에 따라서 자신을 각기 다른 '형태' 혹은 '양식(modes)'으로 계시하셨다는 학설이다. 이러한 양태론은 그리스도의 신성은 받아들이면서도 창조부터 영원까지 성부와 함께 일하신다는 사실을 받아들이지 않는다. 또한 성령의 인격성을 부인하며, 한 하나님 안에서 세 인격들이 상호 동등한 권위와 경륜을 하고 계심을 인정치 않는다.[13]

다음으로 삼위일체와 관련된 이단들 중에는 '그노시스파(노스틱주의, Gnosticism)'가 있다. 이것은 '영지주의(靈智主義)'라고도 불리는데 그들이야 말로 독특한 영적 지식인 영지를 가지고 있다는 것이다. 초대교회 교인들이 예수 그리스도를 주로서 고백해야 할 단계에 이르렀을 때

---

11) 대한예수교장로회총회(통합) 편, op. cit., p. 109. P씨 관련 설명 부분을 참조하라.
12) 기독교 역사 초기의 주된 세 가지 이단으로는 2세기의 몬타니즘, 3세기의 노바티아니즘 그리고 4세기에 있었던 도나티즘을 들 수 있다.
13) LaVonne Neff, "Evaluating Cults and New Religions'" In *A Guide to Cults & New Religions*, ed. Ronald Enroth & Others (IVP, 1983), p.193. 여기서 Neff는 하나님은 단순한 기운이나 힘이 아니라 '인격적'인 분이심을 강조한다.

그들은 예수의 아버지이신 구약의 하나님과의 관계를 정립해야 했었다. 유대인 개종자들 가운데는 예수의 신성을 부인하고 양자론을 표방하는 경우가 많았는데, 이 영지주의는 구약의 하나님은 열등한 하나님이라고 생각해 '데미우르고스(Demiurgos)'라고 불렀으며,[14] 신약의 하나님은 예수 그리스도 안에서 자신의 사랑을 계시하신 선한 신이라고 주장하기도 했던 것이다.[15]

'유니테리언(Unitarians)' 역시 성부만 존재한다고 주장함으로써 삼위일체를 부인했던 한 분파이다. 대부분의 유니테리언들은 1820년 경 'Unitarian'이라고 하는 명칭을 받아들였으나, 1830년대에 이르러서는 많은 사람들이 '자유주의자(Liberals)'라는 명칭을 더 좋아했다. 그들은 삼위일체 교리를 부인할 뿐만 아니라 인간이 완전해질 수 있다는 극단적인 견해를 가지기도 했다. 그들은 "그리스도가 보통 인간보다 우월하다는 것은 인정하나 삼위일체 하나님의 한 분(person)이라고 받아들일 수는 없다."고 했던 것이다.[16] 그리고 그들은 나아가서 그리스도의 신성, 원죄, 대속사역 등을 비성경적인 것으로 간주했다. 몰몬교 역시 전통적으로 신앙되어져 온 삼위일체 개념을 믿지 않는다. 그들은 다신론적(polytheistic)이며 삼위일체는 세 개의 별도의 신들(gods)로 가르친다.[17]

---

14) 'Demiurgos'는 그리스 철학자 플라톤(Plato)의 우주생성론에서 창조신의 별칭이기도 하다. 초대 교회를 심각한 위기에 빠뜨린 이단이 영지주의였는데, 영지주의는 근본적으로 이원론적인 이단이었다. 그들의 주장에 의하면 이 세계는 저급한 신이자 구약의 신인 데미우르고스의 작품으로서 악한 것이기 때문에 구원하기 위하여 하늘로부터 예수 그리스도가 구원자로서 내려왔다는 것이다. 그런데 심지어 구원자 예수도 육체를 지니고 내려온 것이 아니라 그처럼 보였을 뿐이라고 하는 가현설(Docetism)을 주장했다. 그러한 영지주의적인 이원론적 색채가 그 후로 오랫동안 기독교인의 심성을 지배해왔다.
15) 유해무, 『개혁교의학』(크리스챤 다이제스트, 1998), p. 153.
16) 김영재, 『기독교회사』(이레서원, 2000), p.632.
17) Ibid., p. 34.

한국교회의 길지 않은 역사 속에서도 양태론을 주장한 이들이 종종 있어왔다. 한 가지 예를 들어보면 이렇게 주장한 경우가 있었다: "하나님은 신실하시고 영원하시다. 하나님은 자기 자신을 말씀으로 나타내셨고, 그 말씀이 육신이 되어 이 땅에 오셨으니 그가 곧 하나님이시요 아버지이시다." 이 설교의 내용에서 우리는 분명한 '양태론적 언급'을 볼 수 있다. 즉 예수 그리스도가 육신이 되어 이 땅에 오셨으니 그가 곧 하나님이시요 아버지이시라는 표현을 보면, 예수 그리스도는 곧 하나님 아버지라고 하는 등식을 가지고 있음을 파악할 수 있다.

한국교회에서 나타난 또 다른 설교자의 양태론 언급은 다음과 같은데, 위의 경우와 유사하다고 할 수 있다: "하나님이 곧 성령이십니다. 성령이 예수 안에 있을 때 아버지가 되십니다(요 14:8). 아버지가 성도 안에 있으면 성령이 되십니다. 삼위의 각각 개체의 인격을 가지고 있는 것이 아니고 아버지와 아들과 성령은 장소에 따라 불리워지는 이름이 다릅니다. 이는 곧 세모꼴을 어디서 보나 하나인 것과 같습니다. 서로 각각 인격을 가지고 있는 것이 아닙니다. 인격은 오직 하나입니다. 각각 개체의 인격으로 말하지 말아야 합니다. 사람 얼굴을 보는 방향에서 다르듯이 말입니다. 하나님과 성령이 따로따로 있는 것이 아니고 성령님이 하나님이십니다. 예수님의 겟세마네 동산의 기도는 자기가 자기 안에 있는 아버지에게 기도한 것입니다."[18]

여기에서 보는 바와 같이, '하나님이 성령이시고, 성령이 예수 안에 있을 때 아버지가 된다.'는 주장은 대단히 위험한 사상이다. '아버지와

---

18) 한기총, op. cit., pp. 27-28; 대한예수교장로회총회(통합) 편, op. cit., pp. 130-131.

아들과 성령은 장소에 따라 불리는 이름이 다르다.'는 사상 역시 양태론적 색채가 짙은 표현이다. 이러한 사상은 성경의 가르침과 위배되며, 동시에 정통적인 신앙고백서들과 교리문답서에 역행하고 있는 표현들임이 분명하다.

그렇기 때문에 역사적 교회는 신자들에게 삼위일체에 관하여 가르쳐 왔다. 심지어 주일학교 학생들에게 '우리가 믿고 있는 하나님은 어떤 하나님이시냐'고 물어보면 상당수의 아이들은 '삼위일체 하나님'이라고 대답할 것이다. 그만큼 교회는 피상적으로나마 삼위일체에 대하여 주지시켜 왔다고 할 수 있다. '삼위일체 하나님'이란 성부, 성자, 성령이 삼위(位)가 한 분이신 하나님이라는 뜻이다. 그렇기 때문에 이 교리는 신학의 본질적인 원리(principium essendi)로 여겨져 왔다. 이 교리에서 떠나는 어떠한 설교나 가르침도 이단적인 것임을 알아야 한다.

「아타나시우스 신경(Athanasian Creed)」에서도 이 삼위일체 교리를 고백하고 있다. 이 신경에서는 구원받을 자는 보편적 신앙(catholic faith)을 가지는 것이 필요한데 그 보편적 신앙이 믿는 바는 바로 삼위로 계시는 한 분 하나님을 믿는 것이다.[19]

---

19) Whosoever will be saved, before all things it is necessary that he hold the catholic faith; ...And the catholic faith is this: That we worship one God in Trinity, and Trinity in Unity.

20) 우리 기독교회는 『웨스트민스터 신앙고백서』와 대소교리 문답서들 외에도 『하이델베르그 교리문답』(The Heidelberg Catechism, 1563)과 『벨기에 신앙고백서』(The Belgic Confession, 1561) 등도 가지고 있다. 『하이델베르그 문답』은 종교개혁기에 독일의 선제후(Elector) 프레드릭 3세(Frederick III)가 당시 그의 영지였던 '팔라티네이트'(Palatinate)의 수도였던 하이델베르그의 젊은 신학 교수였던 우르시누스(Zacharius Ursinus)와 궁중 설교가였던 올리비아누스(Caspar Olevianus)에게 의뢰하여 만들었던 신앙고백집이다. 영국과 미국 계통의 장로교들은 『웨스트민스터 신앙고백서』를 중심으로 신앙을 고백하고 있지만, 반면에 유럽 대륙의 개혁교회들을 비롯하여 남아공의 개혁과 교회, 그리고 미국의 개혁교회들은 『벨기에 신앙고백서』, 『도르트신조』와 함께 『하이델베르그 신앙고백서』를 소중한 유산으로 간직하고 있다.

21) 그러므로 기독교의 신관은 일신론(monotheism), 다신론(polytheism), 삼신론(tritheism)이나 범신론(pantheism)이 아니다.

『웨스트민스터 신앙고백서』는 『소교리문답(Westminster Shorter Catechism)』과 함께 1643년 영국의 "장기의회"에 의해서 소집된 신학자 총회에서 작성된 것이다. 그 고백서는 1648년의 의회에서 공인되었다.[20] 이 문서의 제2장에서는 '하나님과 삼위일체'에 대하여 잘 설명해 놓고 있다.

1. 살아 계시고 참되신 하나님은 오직 한 분만이 계신다.

3. 본체와 능력과 영원성에 있어서 동일한 삼위가 단일한 신격에 있으니, 성부 하나님과 성자 하나님과 성령 하나님이시다.

이 조항에서 선언하고 있는 내용은 분명하다: 즉 '하나님은 한 분이시며, 성부와 성자와 성령 3위가 계시다.'는 사실이다. 그 하나님은 살아 계시고 참되시다.[21] 하나님은 나무나 돌로 만들어 놓은 죽은 우상(idols)이 아니며(시 115:4-7), 인간이 고안해 낸 어떤 다른 어떤 세속신들 중 하나가 아니다(고전 10:20; 렘 10;10-15). 삼위일체 하나님은 오직 한 분이시며 살아계신 참되신 하나님(one only, living and true God)이시다. 이러한 사실은 『소교리문답』 5번과 6번에도 잘 설명되어 있다.[22]

『하이델베르그』 제 25문답에서도 이 점을 선명하게 드러내고 있다. 이 문답에서는 하나님이 한 분이시며 삼위가 계시다는 것에 대하여 설명하고 있다.

---

22) 『소교리문답』 5번에서도 삼위일체 하나님에 대하여 문답한다. 문: 하나님 한 분밖에 또 다른 하나님이 계신가? 답: 한분뿐이시니 참되시며 살아 계신 하나님이시다. 그리고 6번 문답에서는 '하나님의 신격'에 대하여 문답한다. 문: 하나님의 신격에 몇 위가 계신가? 답: 하나님의 신격에 삼위가 계시니 성부와 성자와 성령이신데 이 삼 위는 한 하나님이시다. 본체는 하나이요 권능과 영광은 동등이시다.

> 문: 하나님이 한 분이시라면,[23] 왜 당신은 삼위 즉 성부와 성자와 성령이 계시다고 말하는가?
> 답: 왜냐하면 하나님께서 그분의 말씀 안에서[24] 그분 자신에 대하여 계시하시기를 삼위는 한 분이시며 참되고 영원하다고 계시하시기 때문이다.

『제2헬베틱 신앙고백서』역시 삼위일체 교리를 그대로 믿지 아니하는 단체들을 정죄한다. 이 고백서는 유대교인들과 무슬림들과 거룩한 삼위일체 교리에 대하여 신성모독하는 모든 사람들을 정죄한다고 밝히고 있으며,[25] 단일신론자들과 노바티안, 성부고난설주의자들, 사벨리우스, 사모사타의 바울, 아에티우스, 마케도니우스, 신인동형동성론자들, 아리우스와 같은 이들도 이단의 부류에서 지적되고 있다.

Q4. 예수님은 사탄에게 피값을 지불하신 것이 맞나요?

어느 날 한국교회 모 설교자가 주장한 것에 대해 문의해 온 분이 있었다: "목사님, 예수님이 과연 마귀에게 피값을 지불하셨나요?" 이것은 상당히 중요한 신학적 주제와 관련된 질문이었다. 예수님이 사탄에게 피값을 지불하고 구원받을 성도들을 구출했다고 하는 견해인데 이것을 소위 '사탄배상설(The Ransom - To - Satan Theory)' 혹은 '사탄속상

---

23) 신 6:4; 사 44:6; 45:5; 고전 8:4, 6.
24) 창 1:2, 3; 사 61:1; 63:8-10; 마 3:16, 17; 28:18, 19; 눅 4:18; 요 14:26; 15:26; 고후 13:14; 갈 4:6; 딛 3:5, 6.
25) *The Second Helvetic Confession*, Ch. 3.

설' 이라고 한다.[26]

교회사에서 '사탄배상설'을 처음 주장한 사람은 교부 오리겐(Origen)이었다. 오리겐은 예수 그리스도의 죽음이 사탄에게 속전(贖錢, ransom)으로 내어준 것이라는 사상을 가지고 있었다. 즉 그리스도의 죽음이 인간에 대한 사탄의 정당한 요구권을 무효화하기 위하여 사탄에게 지불된 속전이었다는 개념을 가지고 있었던 것이다.[27]

그러나 이러한 견해는 어거스틴(Augustine)에게서는 배척된다. 왜냐하면 어거스틴은 그리스도에 대하여 말하면서 "그는 제사를 받는 것보다 드리는 쪽을 택했다. 이것은 제사가 피조물을 대상으로 드려져야 한다고 하는 생각을 허용하지 않는다."고 했다.[28] 그리고 어거스틴은 말하기를 "모든 제사는 누구에게 드려지는가… 유일하고 참되신 중보자께서 자기가 제물로 드린 분과 하나가 되어졌고"라고 함으로써 그리스도는 하나님께 제물로 드려진 것을 시사했다.[29]

그러면 소위 사탄배상설 주장자의 가르침을 살펴보자. "하나님의 아들이 오신 것은 마귀의 일을 멸하려 하심이라. 이 말씀이 이해 되어야 예

---

[26] 배상설 및 기타 이단적 교리에 대하여는 고신(1995,1997), 통합(1995), 합동(1996), 기성(1997), 기감(1998), 기침(1997), 고려, 합신 등에서 규정했다.
[27] Louis Berkhof, *Systematic Theology*, p. 384. "This is based on the singular notion that the death of Christ constituted a ransom paid to Satan, in order to cancel the just claims which the latter had on man."
[28] Augustine, *City of God*, X.20, NPNF, vol. 2, p. 193.
[29] Augustine, *On the Trinity*, IV.14.19, NPNF, vol.3, p. 79; Cf. Berkhof, *Systematic Theology*, pp. 384-391. 참조. 초대 교회 시절 Origen은 사탄배상설을 주장했지만, Irenaeus는 총괄갱신설(The Recapitulation Theory)를 주장한 바 있다. 그리스도의 죽음이 하나님의 공의를 만족시키고(satisfied the justice of God) 이로써 인간을 해방시켰다는 사상이었다. 그 이후 안셀름(Anselm)의 만족설(Satisfaction Theory, Commercial Theory)이 있었다. 즉 안셀름은 속죄의 절대 필요성을 하나님의 본성 자체에 둠으로써 강조했다. 그 후에 아벨라르(Abelard)가 Anselm의 견해에 반대하여 도덕감화설(The Moral Influence Theory)을 주장했는데, 그리스도의 죽음은 하나님의 공의를 충족시키는 것이 아니라 인간의 마음을 유화시키고(soften human hearts) 회개로 이끄시는 하나님의 사랑을 계시하는 역할을 했다는 것이다. 그 외에도 모범설(The Example Theory), 통치설(The Governmental Theory), 신비설(The Mystical Theory), 대리회개설(The Theory of Vicarious Repentance) 등이 있다.

수님께서 십자가를 왜 졌는가를 알게 되는 것입니다. 대속물이라는 말은 뭔가 갚아 주는 것 아닙니까? 사탄에게 우리의 모든 실패의 대가를 전부다 갚아 버리는 것입니다. 그래 놓고 주님이 문을 열어 주셨습니다. 뭔 말인가? 아시겠어요. 어마어마한 권세를 주었습니다."

이 설교 가운데 말하고 있는 '사탄에게 우리의 모든 실패의 대가를 전부다 갚아 버리는 것' 이라는 견해가 바로 사탄배상설이다. 즉 마가복음 10장 45절에 기록된 '대속물' 이라는 개념을 '사탄에게 인간의 죄의 대가를 갚는 것' 이라고 잘못 생각했던 것이다.

Q5. 구원은 '깨달음으로' 받는 것이 맞나요?

이것은 구원파와 관련된 질문이다. 그들은 여러 분파가 있으나 공통적인 주장은 '깨닫고 거듭나야 구원을 받는다.' 고 하는 것이다.[30] 그러면서 그들이 주장하는 것이 구원받은 일시를 알아야 하며, 그 일시 즉 영적 생일을 기억해야 구원받은 증거라는 것이다.[31] 깨달음만으로 구원받는다고 하는 견해는 '영지주의적 사고' 로 간주되어 규정된 바 있다.[32]

구원은 하나님의 은혜 안에서 믿음으로 말미암은 것이지 깨달음으

---

30) 한기총, 『이단 사이비 종합자료 2004』, pp. 16-17.
31) Cf. 장운철, "믿음 보다 깨달음으로 구원", 「교회와신앙」(2005.11.5). 이러한 주장은 계속되고 있다: "기도해야 되지만, 기도만 해선 구원 못 받습니다. 거듭나는 것은 오로지 말씀을 듣고 깨닫는 것, 그것은 누구든지 할 수 있어요. 수십 년 교회 다닌 사람도 거듭나야 되요, 목사도 거듭나야 되요, 장로도 거듭나야 되요, 집사도 거듭나야 되요, 세상적으로 훌륭한 사람도 거듭나야 되요. 어떤 비참한 죄인도 말씀을 듣고 깨닫기만 하면 됩니다. 그런데 참 이상한 것은 수십 년 교회 다니는 사람도 구원이 무엇인지 몰라, 거듭나는 게 무엇인지 몰라 이게 참 모순이고 이상한 거예요. 구원 받았습니까라고 하면 기분 나빠합니다."
32) 한기총, op. cit., p.14. 예장통합 제77회 총회(1992)에서 깨달음을 통한 구원 주장은 이단으로 규정되었다.
33) Cf. 정동섭, 『구원파를 왜 이단이라 하는가?』(죠이선교회,2004), pp.58-62.

오는 것이 아니다. 성경은 구원이 예수 그리스도를 믿음으로 오는 것을 확증하고 있다. 행 16:31, 요 1:12, 요일 4:15 등의 말씀은 주 예수를 '믿으면' 구원받게 되며, 하나님의 자녀가 될 수 있다고 강조하고 있다.[33]

귀신론

Q1. 죽은 조상의 혼이 귀신이 된다는 말이 맞나요?

이단 사이비 단체들의 교주들은 종종 '귀신론'의 문제점들을 가지고 있다. 이 귀신론(Demonology)[34] 혹은 마귀론(Satanology)에 관해서는 특히 한국교회에서는 너무나 많은 혼란을 초래해왔다. 그것은 성경적 개념의 귀신에 대하여 알기 전부터 벌써 한국인들의 의식 속에는 무속적 전통적 개념의 귀신 개념이 그려져 있기 때문이기도 하다.

그렇기 때문에 우리는 여기에서 권위 있는 신학자에 의하여 성경의 근거를 따라 정의된 설명에 의존할 필요가 있다. 벌코프(Louis Berhkof)는 그의 저서 『조직신학(Systematic Theology)』의 신론을 다루면서 '악한 천사들(The Evil Angels)'에 대하여 언급하고 있다.[35] 그는 먼저 '악한

---

[34] 귀신론(Demonology)에 대해서는 Kurt E. Koch, *Demonology, Past and Present* (Kregel Publications, 1973)을 참조하라. Koch 박사는 이 책에서 Ch.2에서 귀신에 대하여 Animism, Hellenism의 측면을 소개하고, 구약과 신약 그리고 교회사 속에의 조명한 후에 기독교인의 입장에서 잘 정리하고 있다.
[35] Louis Berkhof, *Systematic Theology* (Grand Rapids, Michigan: Erdmans, 1981), pp. 148-149.

천사들'의 기원에 대하여 언급한다. 악한 천사들 역시 하나님의 피조물들이며 본래부터 악한 천사로 창조된 것은 아니다. 하나님은 그가 만드신 모든 것을 보셨고 그것은 참으로 좋았다고 창 1:31에는 말씀한다. 성경에는 어떤 천사들이 그들의 본래 지위를 지키지 않아 그들이 창조된 원시상태에서 타락했다는 것을 분명히 암시하는 두 구절이 있는데, 그것은 베드로후서 2장 4절과 유다서 6절이다. 이 천사들의 특별한 죄는 계시되지 않았으나, 그들이 하나님께 대하여 반항하여 자신을 높여 최고의 권위를 넘보았던 점에 있는 것으로 생각되었다.

그러면 '악한 천사들의 우두머리(The Head)'는 누구인가? 성경에서는 '사탄'(Satan)이 타락한 천사들의 인정된 우두머리(as the recognized head of the fallen angels)로 나타난다.[36] 사탄은 본래 천사계(angelic world)에서 아주 유력한 천사장들 중 하나(one of the mightiest princes)였으나, 하나님을 반역하여 타락한 천사들의 지도자가 되었던 것으로 보인다. '사탄'이라는 명칭은 그를 우선 인간이 아닌 하나님의 '적대자(혹은 '대적자', the Adversary)'로서 지적한다. 사탄은 하나님의 손으로 지으신 것들 중의 면류관으로서의 '아담'을 공격하여 파멸을 초래함으로써 '아볼루온(Apollyon 파괴자, the destroyer)'이라고 불리는데, 예수님이 회복의 사역을 행하실 때에 예수님까지 공격했다.

죄가 세상에 들어온 이후로 사탄은 하나님의 백성들을 계속적으로 정죄하는 '디아볼로스(Diabolos, 고발자 the Accuser)'가 되었다(계 12:10). 사탄은 성경에서 죄의 창시자로 묘사되며(창 3:1,4; 요 8:44; 고후

---

36) Ibid., p. 148.

11:3; 요일 3:8; 계 12:9; 20:2,10), 타락한 무리의 인정된 우두머리로 나타난다(마 25:41; 9:34; 엡 2:2). 그리고 사탄은 '타락한 천사들의 지도자'(the leader of the angelic hosts)로 존재하면서, 그들로 하여금 그리스도와 그의 나라에 대하여 필사적으로 대항하도록 한다.

사탄은 또한 '이 세상의 임금(the prince of this world)' 이라고 요 12:31; 14:30; 16:11 등에 거듭 나타나며, 심지어 고후 4:4같은 곳에서는 '이 세상의 신(the god of this world)' 으로까지 묘사되어 있다. 그런데 이렇게 말한다고 해서 사탄이 세상을 다스린다는 의미가 아니다. 세상을 다스리는 분은 하나님이시며 하나님이 그리스도에 모든 권세를 주셨기 때문이다. 그러나 '세상이 하나님으로부터 윤리적으로 분리되어 있다는 점' 에서(so far as it is ethically separated from God) 사탄이 이 사악한 세상을 지배하고 있다고 말할 수 있다.[37]

이것은 엡 2:2에 명백하게 지적되어 있는데, 이 구절에서는 사탄은 "공중의 권세 잡은 자, 곧 지금의 불순종의 아들 가운데 역사하는 영"으로[38] 불린다. 사탄은 '초인간적(superhuman)' 이지만 신적(divine)이지는 않으며, 큰 능력(great power)을 가지고 있지만 전능하지는 않고(not omnipotent), 권력을 휘두르지만 한정된 범위 내에서 그러하다(마 12:29; 계 20:2). 그리고 그의 장차 운명은 무저갱으로 던져지게 된다 (계 20:10).[39]

이처럼 벌코프(Berkhof)의 성경 근거에 의한 설명은 아주 설득력 있

---

[37] Ibid., p. 149.
[38] The prince of the powers of the air, of the spirit that now worketh in the sons of disobedience.
[39] Ibid.

고 또 권위 있는 정설로 존중되어 온다. 이렇게 볼 때 타락한 '악한 천사들(The Evil Angels)'의 우두머리(the head)는 '사탄(Satan)'이며, 사탄이 지도자로 있는 그 무리는 '귀신들(devils)' 임을 알 수 있다.[40]

그러면, 귀신론 혹 마귀론과 연관된 잘못된 주장을 분석해 보자. 가령 어떤 이는 이렇게 주장했다: "그 사람 죽어버리면 영혼이 갇혀 있다가 악령은 가만히 그 영혼이 후손을 괴롭히잖아요." 이 주장을 한 사람은 마귀(귀신)가 가져다주는 병의 특징으로 병명 불분명, 이유 없는 두통, 머리에서 소리가 남, 치유되지 않으면서 순간적 변동 등을 언급했다. 또 미혹의 영은 평생 따라다닌다거나 계속 증가되며 결국 육체를 멸한다고 주장한다.

이것은 위에서 말한 사람과 비슷한 주장을 한 또 다른 경우인데, 이 설교자의 주장은 '귀신'이 몇 가지 조건들로부터 시작된다는 것이다. 즉 제 명이 차기 전에 죽은 '불신자의 사후의 영'이라는 견해이다.[41] 그리고 모든 질병은 이 귀신이 우리 몸에 붙어서 생기는 것으로, 이 질병은 약이나 의술로는 궁극적으로 고칠 수 없고 축사를 통해서만 고칠 수 있다고 한다.

그러면, 위의 두 유사한 주장들의 오류는 무엇인가? 그것은 그들이 인간으로서 죽은 사람의 영 혹은 영혼이 '귀신'이라는 견해이다. 앞서 살펴보았던 정통적인 귀신론과 이들이 주장하는 귀신론의 차이점은 확

---

[40] Louis Berhkof, *Systematic Theology*, p. 148. "we shall have to assume a double fall in the angelic world, first the fall of Satan, and then, considerably later, the fall resulting in the host of devils that now serves Satan. It is much more likely that Satan dragged the others right along with him in his fall."

[41] 한기총, op.cit., pp.25-26. 예장통합 제77회 총회(1992)의 연구보고. 귀신론 주장자들이 말하는 귀신이란 네 가지 조건으로부터 시작된다. 즉 (1)제명이 차기 전에 죽은 (2)불신자의 (3)사후의 (4)영을 말한다.

연히 드러난다. 성경은 결코 죽은 조상의 영혼이 귀신이 된다고 가르치지 않는다. 성경이 가르치는 것은 타락한 악한 천사들이 귀신들이며, 그 악한 천사들의 지도자(leader) 혹은 우두머리(head)가 사탄(Satan) 즉 마귀라고 한다.

그러므로 평신도들을 포함한 신학생 및 목회자들은 마귀론 혹은 귀신론에 대한 정확한 지식을 가지고 이설(異說)을 주장하는 이들의 가르침을 비평할 수 있어야 할 것이다. 결코 전통종교나 미신에 입각한 '견해들'은 성경적일 수 없다. 그러한 것들로 기독교 진리를 설명하려고 할 때 우리는 인본주의로 전락할 수밖에 없으며, 그것은 하나님의 영광을 위하는 것이 아니고, 인간을 높이려는 것임을 알아야 한다.

Q2. 모든 병은 죄로부터 왔고 마귀가 주는 것이라고 하더군요. 그 말이 맞나요?

"어느 분이 말씀하시기를, 모든 질병은 마귀가 주는 것이니까 마귀를 쫓아내면 된다고 말씀하셨어요. 과연 그런가요? 과연 모든 질병은 마귀가 주는 것인가요?" 아마도 기독교인들 중에 상당수는 질병이란 죄에 대한 벌이라고 생각할는지 모르겠다. 물론 성경에는 질병이 인간의 본성에 물들어 있는 죄 때문임을 밝히고 있으며 범죄에 대한 보응으로 질병을 내리시는 경우를 말하고 있기도 하다. 예를 들어 하나님은 이스라엘 백성들에게 말씀하시기를 불순종하면 애굽사람들에게서 병을 옮기게 될 것이라고 경고하신 적이 있다(출 15:26). 하나님의 계명을 순종하지 않는 죄는 재앙이나 죽음이 따른다(출 7:4; 레 16장). 거짓 마음을 품은 아나니아와 삽비라는 목숨을 잃었다(행 5:1).

그러나 하나님은 질병을 반드시 죄에 대한 결과로만 주시지는 않는다. 가령 예수님은 나면서부터 소경된 자를 가리키면서 그 어떤 사람의 범죄 때문이 아니라 하나님께 영광을 돌리기 위해서라고 말씀하신 적도 있기 때문이다(요 9:3). 이러한 사실은 가족치료를 전문으로 한 외과의 알버스(Gregg R. Albers)에 의하여 잘 소개된 바 있다.[42]

다시 상담질문으로 돌아가보자. 과연 질병은 마귀가 주는 것인가? 거기에 대하여 우리는 오히려 질병은 하나님의 허락 하에 있다고 말하는 것이 옳다. 이 세상 만물을 창조하시고 인간의 생사화복을 주장하시는 분은 하나님이시기 때문이다. 그러나 질병의 원인이 무엇이든 간에 중요한 사실 한 가지는 '하나님은 언제나 질병을 통해서 사람들과 더 밀접한 교통을 나누신다' 는 사실이다. Gregg Albers는 이와 관련하여 다음과 같이 말하고 있다: "질병에 걸릴 때보다 사람이 더 겸손해지는 시간은 없다. 신체적 정신적인 질환으로 시달릴 때보다 자신의 유한성과 죽을 수밖에 없는 운명을 더 실감하는 순간은 없다. 하나님이 질병을 허락하심으로서 기대하시는 것이 바로 그것이다."[43]

---

42) Gregg R. Albers, *Counseling the Sick and Terminally Ill*, 정태기 역 『신체 질환자 상담』(두란노, 1997), p. 107.
43) Ibid., p. 71.

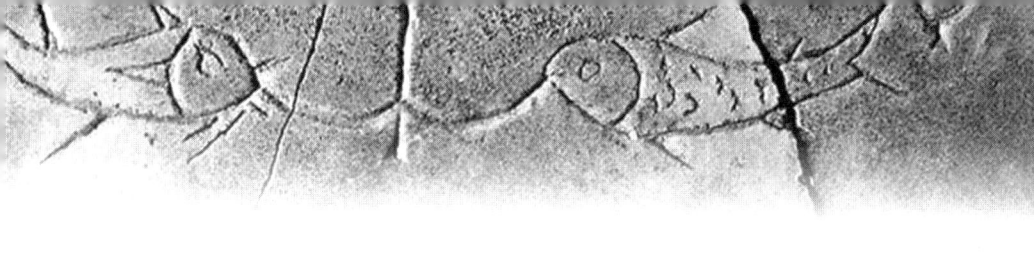

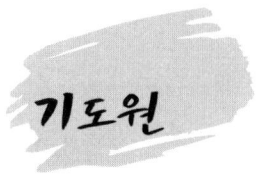

Q1. "목사님, ○○기도원이 어떤 곳인가요? 그런 이름을 가진 곳들은 다 같은 곳인가요?"

어느 기도원에 자신이 알고 지내는 어떤 분이 참여하고 있는 문제로 고민하던 분이 있었다. 내담자에 의하면 그 기도원은 소위 나라를 위하여 제단을 쌓는다고 하는 곳이었다. 그분이 문의해 온 그러한 부류의 기도원에서는 아마도 부부생활까지도 금지시키고 있는 듯했으며, 펌퍼질 방언, 신유은사 등을 강조하면서 헌금을 강요하는 듯했다. 그 외에도 한 자리에서 팽이처럼 도는 등 기성교회에서 가르치는 교훈과 신앙실습과는 아주 이질적인 모습을 드러내고 있었다고 한다. 물론 안찰도 행하고 있다고 했다. 가정을 포기하고 하나님을 위하여 희생하라고 하며, 모 신문에 광고도 하고 있는 것으로 전해왔다.

필자도 오래 전 어느 지역 산 위에 세워져 있던 어느 자그마한 기도원을 종종 방문한 적이 있다. 고등학교시절 신학대학 진학을 앞두고 여러 명의 친구들과 함께 방과 후 늦은 저녁 시간이 되면 산 위에 있던 기도원으로 올라가서 기도하곤 한 적이 있다. 그러나 그때 필자가 그 원장님으로부터 받은 인상은 나라를 위하여 기도하려고 하는 분이구나 하는 느낌을 받았으며, 그분은 또 언제든지 우리들을 반겨주셨다. 그리고 하산을 즈음이면 항상 손을 흔들어 우리들을 배웅해주셨다.

그런데 위의 상담 경우는 ㅇㅇ기도원이라고 하면서도 상당히 일탈된 모습을 지니고 있는 것을 발견하게 된다. 부부생활을 금하는 것은 부부 자신들이 경건을 위하여 일시적으로 결정할 수 있는 문제인데 벌써 그곳 어느 회원은 수년 여간 금지하고 있었다고 한다. 그것은 계속하여 기도해야 한다고 하는 전제하에 주님께서 가정에 허락하신 아름다운 부부의 교제를 제한하는 행위라고 볼 수 있다. 그리고 방언을 가르치는 문제, 신유은사를 준다고 계속 오도록 하고 헌금을 요구하는 문제도 그렇다. 최근들어 기성교회들의 일부 교인들이 주간 중에도 도심 가운데 있는 '다양한 부류의 ㅇㅇ기도원(들)'에 참여하고 있는 것으로 드러나고 있다.

물론 일정한 장소가 기도소로 이용될 수는 있겠지만, 그래도 교인들에게 중요한 것은 자신이 출석하고 있는 교회에서 신앙생활을 잘 하는 것이다. 기도하는 것도 자신이 섬기는 교회당 중심으로 하는 것이 바람직하다. 그리고 위에서 드러난 바와 같은 부부생활 문제를 비롯하여 삶의 모든 영역의 문제들을 조금 더 넓은 기독교 세계관 속에서 조명해 보는 것이 필요하다. 나아가서 자신이 기성교회에서 신앙생활을 하고 주님을 섬겨오던 모습과 판이한 어떤 단체나 개인들을 접하게 될 때에는 자신의 교회 담임목사나 부교역자들과 상담하는 것이 좋으며, 동시에 전문 상담기관에 문의할 필요가 있다.

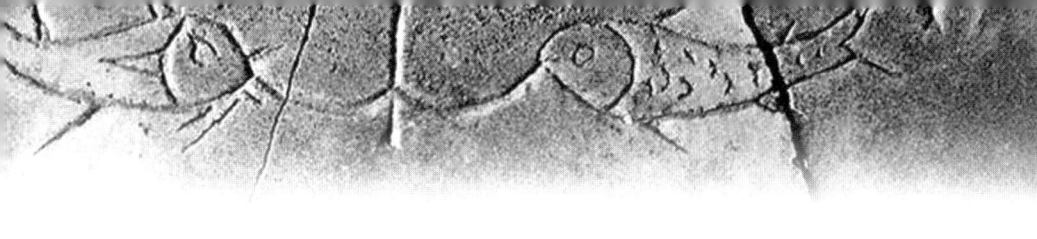

Q1. 천국에 대해서 너무나 생생하게 설명하고 있는 책이 있는데 계속 읽어도 될까요?

"최근에 어느 여자 분이 쓴 천국 체험에 관한 책을 읽고 있어요. 가족 중에 누가 구입한 것인데 저도 읽게 되었고, 또 읽는 가운데 천국에 대한 설명이 너무 상세한 것 같아서 한편으로는 호기심에 다른 한편으로는 의아심을 가지고 읽게 된답니다. 과연 천국을 보고 왔다고 하는 이들이 설명하는 대로 실제로 천국은 그렇게 생긴 것일까요?"

간혹 이러한 천국간증 관계로 상담을 요청해오는 이들이 있다. 그러나 단적으로 말해서 사도시대 이후 오늘날에 와서 이렇게 천국을 체험했다고 간증하는 책자를 발행하거나 또 간증을 하러 다니는 경우는 비성경적이라고 할 수 있다. 종종 천국에 가보니 개털모자가 있었다느니, 전도를 많이 한 영적 거부들이 지나갈 때 전도를 한 명도 하지 않고 그냥 부끄러운 구원을 얻은 이들은 고개를 들고 살 수가 없다느니, 예수님과 자신이 이곳에서 저곳으로 옮겨 다닐 때 가운을 갈아입고 움직였다는 식의 기독교인들을 몽환적 비성경적 분위기로 이끌고 가려는 시도를 하고 있다.

그러면 왜 그들이 입신을 통해 보았다고 하는 천국간증들은 비성경적이라고 할 수 있는가? 우리는 이 문제에 접근하기 위하여 먼저 사도 바울의 삼층천 체험의 경우를 생각해 볼 수 있다. 고린도후서 12장에는 바울의 천국체험에 관한 기사가 약술되어 있으나, 그는 그것에 대하여 소상하게 밝히지 않았다. 만약 소상하게 진술하는 것이 하나님의 뜻이었다면 성경 저자인 바울에게 그것을 기록하여 구원 얻은 백성들에게 읽히도록 했을 것이다. 그러나 성령께서는 그 방법을 허락하지 않으셨다. 그리고 우리는 사도 요한의 경우를 볼 수 있는데 그는 말세에 있을 징조들과 일들을 묘사하는 가운데 예수님이 이 장소에서 저 장소로 옮겨 다니실 때에 가운을 갈아입으신다느니 천국에도 개털모자 같은 있다는 식의 저속한 언급들을 한 적이 없다. 우리의 주님께서 만약 우리가 천국의 실상에 대하여 소상하게 알려주시기를 원하셨다면 그렇게 하셨을 것이지만, 그러나 주님은 그렇게 하지 않으셨다. 이 사실은 대단히 중요하다. 주님께서 그렇게 해주시지 않으신 것을 성도들이 자세하게 알려고 한다는 것은 건전하지 못하다.

가장 중요한 것은 천국이 어떻게 생겼는가가 아니다. 장차 주님께서 재림하시게 되면 이미 마음속에 이뤄지기 시작한 천국의 실체를 그때에는 얼굴과 얼굴을 마주 대하여 보듯이 알게 될 것이기 때문이다. 그러므로 성도들은 현재 자신의 마음속에서 주님의 다스림을 받아 생활 속에서 최선을 다하는 것이 필요하다. 천국은 주님이 주인이신 곳이다. 그렇다면, 오늘 현재 지금 여기에서 내 마음 속에서 주님이 주인이 되시도록 하며 그분의 통치에 나의 전 삶을 드리며 그분을 위하여 헌신하는 것이 바람직한 자세라고 할 수 있을 것이다. 견실한 크리스천들은 천국간증에 혹하지 않는다.

Q2. 주님은 공중에서 재림해 오시는 것이 아닌가요?

Y씨는 예수님이 구름타고 올라가셨다는 말도 높여졌다는 말이지 구름타고 올라간 것이 아니라고 주장했다. "예수님이 구름타고 공중에 올라갔다는 것은 높아졌다 그 말입니다. 공중으로 올라가신들 무슨 소용이 있겠습니까? 예수님이 여기서 둥둥 떠서 하늘로 올라가셨다, 지금 간단한 예로 제가 여기서 둥둥 떠가지고 천장을 열고 하늘로 올라갔다 생각해 보십시오. 그것이 여러분과 무슨 상관이 있을지 생각해 보십시오." 라고 말함으로써 기독교의 주된 교리들을 배격했다. 그는 계속하여 주장하기를 예수님은 공중으로 오시는 것이 아니라고 한 것이다. "예수님이 공중으로 오시는 게 아니에요. 공중에 오시면 뭐하시겠습니까? 아무 소용없잖아요. 사람의 속으로 와야 진짜로 오는 것이죠. 속으로 와서 영원토록 거해야 진짜로 오시는 거죠... 사람이 공중으로 떠올라간다는 것

이 도저히 있을 수 없는 일이에요. 더구나 이 문명의 세계에서, 최첨단의 과학을 자랑하는 세계에서 이런 생각을 하는 것이 너무너무 맹신이에요." 그의 이러한 사상들은 한국기독교총연합회에서 이단사상으로 규정되었다.[44] 이와 같은 견해는 기독교의 정체성을 와해시키며 하나님의 초자연적인 역사들을 실존적으로 해석하며 내재화시켜 버린다. 이러한 설명이 현대인들에게는 매력이 있는 사상일지 몰라도 그것은 철저하게 반성경적인 사상인 것이다.

Q3. '장자총회'에 대해 알고 싶어요. 장자총회는 구원받은 보편적인 성도들보다는 특별한 사람들로 구성되나요?

어느 교단의 집사님으로부터 받은 상담이었는데, 그분은 어느 목사의 전도방법에 대하여 의아심을 가지고 있었다. 그것은 "바로 천국에 가도 특별한 사람들만으로 구성되는 장자총회가 있는가?"라고 하는 질문이었다. 즉 예수님을 중심으로 장자들로만 구성되는 총회가 있다고 가르친다는 것을 언급했다. 적어도 그분의 말에 의하면 그분이 교육받은 대로는 '장자'란 복음을 위해 목숨 걸고 나가는 사람이라고 한다. 천국에 가면 짐승처럼 다스림을 받는 사람이 있고, 다스리는 자가 있고 다스림을 받는 자도 있다는 것이다.

그러면, 과연 '장자총회'라는 것이 있는가? 그 용어는 히브리서 12장

---

44) 한기총 임원회 결의 (2005. 11. 25.)

23절에 등장한다: "하늘에 기록한 장자들의 총회와 교회와 만민의 심판자이신 하나님과 및 온전케 된 의인의 영들과..." 그러면 이 부분에 대한 보수적인 해석은 어떠한가? 과연 그것은 복음을 위하여 목숨을 걸고 나가는 사람들을 가리키는가? 장자들의 총회란 헬라어로 '에클레시아 프로토토콘'(Lat. ecclesiam primogenitorum)을 의미하는데 이것은 영역 성경에서는 'church of the firstborn'으로 나타난다. 위대한 개혁자 존 칼빈 선생은 이 부분에 대하여 주해하기를, '하늘에 기록한 장자들'이라는 표현은 "하나님께서 그의 책에 기록한 모든 택함받은 자들을 의미한다."고 했다. 그러므로 이 '장자들의 총회'를 복음을 위하여 목숨을 걸고 나가는 어떤 특정한 부류로 이해하고 있는 것이라면 그것은 옳지 못하다고 할 수 있다.

필자가 받은 상담 가운데 이와 유사한 형태들도 있다. 그 가운데 하나는 '어떤 목사들만의 특별한 모임' 혹은 '구원받을 어떤 특정한 수에 포함된 무리'라는 식의 소위 '특별의식'을 고취시키고 있는 사람들이 있었다. 그들은 소수의 영적 엘리트의식을 지니고 있는 듯했다. 교회 역사의 초기부터 종종 나타난 것이 바로 이러한 의식을 가진 사람들이었다. 그러나 주 예수 그리스도의 보혈의 공로로 구원 얻는 성도들이 천국에서 누릴 은총과 영예는 평등할 수밖에 없다. 그곳에서도 성도들은 모든 영광을 주님 앞에 내려놓을 수밖에 없는 것이다. 면류관들을 주님의 발 아래 내려놓을 수밖에 없는 구속받은 성도들이기 때문이다.

Q4. 우리 나라가 동방인가요? 천국은 우리 나라 청계산에서 이뤄지는 것이 맞는가요?

일부 이단들은 한국을 성경에서 말하는 동방 개념으로 이해한다. 동방역사는 극동 즉 한국을 중심으로 일어난다고 주장한 이들이 있어왔는데,[45] 그 대표적인 사람은 P씨였다. 그는 이사야 41:2절의 동방을 '동양'으로 이해했고 일본, 중국, 한국 중에서도 '한국'이 동방의 그 나라라고 했다.[46] 또 어떤 이는 주장하기를, 하나님이 한국에 '동방의 한나라'를 세울 것이며 창조 6일 후에 안식한 것과 같이 아담 타락 이후 6천 년이 지난 제 7천 년부터는 안식 천 년 기간이 되어 서기 2천 년대에 대변혁이 일어난다고 한다고 주장한 N씨도 있다.[47] 그런가하면 강원도 원성군이 동방이며 동방에 나타나는 마지막 선지가 엘리야라고 주장하는 이도 있다.[48] 그리고 한국에서도 청계산을 영산이라 하여 요한계시록의 예언이 성취될 종말의 장소로 생각한다. 주로 장막성전 계열에 서 있던 사람들 가운데 이렇게 주장한 이들이 많다. 일부 이단들이 성경의 동방 개념을 억지해서 하여 한국과 연결 지으려 하지만 그것은 비성경적이다. 그들

---

45) 예장고신, 『이단 및 불건전 집단』(1998), pp.135-137. Cf. 한기총, op. cit., p. 75. 그들은 우리 민족인 말세 사명의 민족이며 예수의 재림이 이때에 되어진다고 하나, 이 '동방'은 이스라엘 백성을 포로된 자리에서 구출하시기 위하여 사용하신 고레스의 고향을 말하는 것이며(사 41:2절 이하), '해 돋는 데'란 한국이 아니라 하나님이 인간에 베푸시는 생명과 구원의 방향을 가리키는 것(계 7:2절 이하)이라고 설명하고 있기도 하다.
46) 대한예수교장로회총회(통합) 편, op. cit., p. 25. 그에 의하면 동방에는 일본, 한국, 중국 세 나라가 있는데 사41:1절에 "섬들아 내 앞에 잠잠하라"고 했으니 섬나라인 일본은 조용히 하라는 뜻이라고 했으며, 사41:9절에 "내가 땅 모퉁이에서부터 너를 부르고"라고 했으니 아시아 대륙 모퉁이에 붙은 한국이 바로 동방의 그 나라라고 주장했다. 그런가하면 41:25절에 "내가 한 사람을 일으켜 북방에서 오게 하였나니"라는 말씀을 P씨의 고향이 이북으로 북쪽에서 월남했다는 뜻으로 해석했다.
47) 한기총, op. cit., p. 33.
48) 현대종교 편, 『한국의 신흥종교』자칭 한국의 재림주들 (현대종교 국제종교문제연구소, 2002), p. 177.

은 심지어 인도의 시성 타고르의 시 동방의 등불에 나오는 '동방' 이라는 말까지 끄집어와서 그것을 성경에서 나오는 '동방' 이라는 말과 결부시켜서 '한국' 과 연결시킨다.

그러나 이사야서 41장부터 48장은 고레스를 통한 구원에 대하여 말씀하고 있는 본문이라고 한정건 교수는 설명하고 있다.[49] 사 41:1-17은 고레스 왕의 출현과 이스라엘의 회복에 대하여 말씀하고 계시는 본문이다. 2절의 말씀은 그 구원의 일을 행할 사람에 대하여 말하는 데, 그것은 '동방의 한 사람' 이다. 그런데 이 '동방' 이라는 것은 '페르시아' 임을 한 교수는 지적한다. 그 동방 페르시아에서 나오는 의로운 사람이 고레스라는 것이다. 이 정복자를 일으키시는 분이 바로 하나님이시며, 이 일은 그가 태초부터 계획하신 일이다. 그는 놀라운 힘과 능력으로 정복을 시작한다는 것이다. 섬들, 곧 땅끝의 사람들, 민족에게까지 고레스의 정복이 일어난다는 것을 언급한다.[50] 그리고 성경의 그 어느 곳에서도 한국이나 어느 특정한 나라를 종말사건이 완성될 곳으로 설명하고 있지 않다는 사실이다. 우리가 성경을 통하여 확신하는 바는 무엇인가? 주님이 재림하시기 전에 성도가 죽으면 그 영혼은 우리 주 예수 그리스도께서 가신 아버지의 나라에서 안식한다. 주님 오실 때까지 살아있는 성도는 먼저 간 성도들이 부활한 다음 그들도 부활체를 입게 된다.[51] 주님이 재림하실 그날은 '전 우주적인' 날이지 어느 지역에 한정되는 그러한 날이 아니

---

49) 한정건, 『이사야서 강해』(고려신학대학원, n.d.), p. 67.
50) Ibid.
51) 살전 4:16-17. "주께서 호령과 천사장의 소리와 하나님의 나팔로 친히 하늘로 좇아 강림하시리니 그리스도 안에서 죽은 자들이 먼저 일어나고, 그 후에 우리 살아남은 자도 저희와 함께 구름 속으로 끌어 올려 공중에서 주를 영접하게 하시리니 그리하여 우리가 항상 주와 함께 있으리라."

다. 재림 시에 있을 위대한 파노라마 중의 하나는 곧 지구를 포함한 전 지구의 '갱신'을 통한 새 하늘과 새 땅의 도래이다. 그러므로 일부 국내외의 이단들이 주장하는 어느 특정 장소만이 종말사건의 완성장소가 될 수도 없음은 자명한 일이다.[52]

Q5. 천국에도 여러 종류가 있나요?

천국에도 종류가 있다고 말하는 종교가 있다. 후크마(Anthony A. Hoekema)교수는 그의 책 『The Four Major Cults』에서 몰몬교가 세 종류의 천국을 말하고 있음을 지적했다. 즉 그들은 해의 천국, 달의 천국, 별의 천국을 이야기하고 있다. 해의 천국은 주님의 명령을 지키는 충성된 자들이 가는 곳이며(몰몬경 니파이 2서 31:17-21절), 달의 천국은 율법 없이 죽은 자들과 육체로 있을 동안 복음을 받지 않았지만 후에 받아들인 선한 자들과 몰몬교인들 중에 복음의 법과 의식을 다 지키지 못한 자들이 가는 곳이다. 그런가하면 별의 천국은 몰몬교가 아닌 모든 기독교인과 몰몬교의 성약을 깨뜨린 자들과 모든 불신자들이 가는 천국으로 묘사되고 있다(교리와 성약 76:112).

그러나 성경의 그 어느 곳에서도 천국을 세 종류로 묘사하고 있지 않다. 미래에 되어질 일들 즉 종말에 있을 파노라마에 대하여 성경이 언급하고 있지 않은 것들을 설명해내려고 하는 것만큼 어리석은 일은 없다.

---

52) 이 주제와 관련하여 부록을 참조하라.

Q6. 주님은 영적으로 재림하신다고 하는데 그 말이 맞나요?

어떤 이단은 주장하기를 주님은 미래에 재림하시는 것이 아니고 현재 우리 마음 속에 임하신다고 하며, 또 어떤 이단들은 주님이 육체적으로 재림하는 것이 아니라 영적으로 재림한다고 한다. 또 다른 부류는 주님의 재림을 아주 실존적으로만 해석하려 한다. 그러나 성경은 이와 같은 일체의 주장들을 배격한다.

그러면 주님께서 재림하시는 양상에 대하여 성경은 어떻게 가르치고 있는가? 이제 우리는 '재림의 방식(the manner of the Second Coming)'에 대하여 살펴보자. 먼저 주님의 재림은 '인격적인 재림(a personal coming)'이 될 것이다.[53] 승천하실 때 산 위에서 주의 천사들이 한 말에 이 사실이 분명하게 드러난다: "올라가실 때에 제자들이 자세히 하늘을 쳐다보고 있는데 흰옷 입은 두 사람이 저희 곁에 서서 가로되 갈릴리 사람들아 어찌하여 서서 하늘을 쳐다보느냐 너희 가운데서 하늘로 올리우신 이 예수는 하늘로 가심을 본 그대로 오시리라 하였느니라(행 1:10-11). 예수 그리스도의 인격이 제자들을 떠나셨고, 예수 그리스도의 인격(the person of Jesus)이 다시 오실 것이다. 그러나 근대 모더니즘(Modernism) 사회 속에서는 예수 그리스도의 선명한 인격적 재림을 이 '세상사에 관한 비유적인 묘사들'(figurative representations of the life

---

53) Cf. G. E. Ladd, *The Blessed Hope* (Grand Rapids, Michigan: Eerdmans Printing Company, 1984), p. 140. 여기서 Ladd는, '신학적 자유주의'(theological liberal)는 예수 그리스도가 가시적으로 인격적으로 재림함 없이는 구원사역이 완성될 것이라는 사실을 공유하지 못할 것이라고 주장했다.

of the world)로 해석하려고 한다.[54] 그렇지만 행 1:11; 3:20, 21; 마 24:44; 고전 15:22; 빌 3:20; 골 3:4; 살전 2:19; 3:13; 4:15-17 등등의 말씀들은 모더니즘적인 그러한 비유적 설명들의 가능성을 일축해버린다.[55]

두 번째로, 주님의 재림은 '육체적 재림(a physical coming)'이 될 것이다. 주님의 재림이 육체적인 것이라는 사실은 행 1:11; 3:20, 21; 히 9:28; 계 1:7 등에 근거하고 있다. 주님은 육체를 지닌 상태에서 땅으로 돌아오실 것이다(He will return to earth in the body). 어떤 사람들은 주님의 재림을 '영적인 임재'(spiritual coming)와 같은 것으로 여기려고도 하고 또 재림을 뜻하는 한 단어인 '파루시아'(parousia)를[56] 교회내의 주님의 영적 임재(the Lord's spiritual presence in the Church)로 해석하려고 한다.[57] 그럼에도 불구하고 성경이 분명히 말씀하시는 것은 예수 그리스도의 육체적 재림인 것은 분명하다.

세 번째로, 예수 그리스도의 재림은 '가시적인 재림(a visible coming)'이 될 것이다. 이것은 두 번째의 설명과 연관되어 있는데 우리는 차라리 이렇게 말할 수 있을 것이다. 예수 그리스도가 육신적으로 재림하신다면 그것은 또한 가시적인 재림이 될 것이라고 말하는 것은 자연

---

54) 그 예들에 관하여는 Berkhof의 *Systematic Theology*, p. 705를 참조하라.
55) Ibid.
56) Cf. Anthony A. Hoekema, *The Bible and the Future* (William B. Eerdmans Publishing Company, 1979), p. 165. 여기서 후크마 교수도 여러 교의학자들이 재림에 대해 Berkhof과 같이 세 가지의 헬라어 단어로 설명하듯이 그렇게 접근하고 있다. 박형룡 박사도 이 개념들을 포함하면서 설명한다. '재림'과 관련하여 바울 사도는 특히 3가지 용어들을 사용했다. 그것은 '파루시아'(parousia), '아포칼룹시스'(apokalupsis) 그리고 '에피파네이아'(epiphaneia)이다. 파루시아는 임재나 도착을 의미하며, 아포칼룹시스는 '계시' 혹은 '노출'을 뜻한다. 그리고 에피파네이아는 '나타남'이라고 하는 뜻을 가지고 있는데 그것은 예수님의 재림의 가시성을 의미한다.
57) Louis Berkhof, *Systematic Theology*, p. 705. "Not it is quite evident that the New Testament does speak of a spiritual coming of Christ, Matt. 16:28; John 14:18,23; Rev. 3:20; but this coming, whether to the Church on the day of Pentecost or to the individual in his spiritual renewal, Gal. 1:16, cannot be identified with what the Bible represents as the second coming of Christ."

스럽다. 예를 들어 1874년에 그리스도의 재림과 천년왕국이 성립이 눈에 보이지 않게 일어났다 하는 식의 설명은 성경적으로 볼 때 전혀 설득력이 없는 것이다. 왜냐하면 성경 마 24:30; 26:64; 막 13:26; 눅 21:27; 행 1:11; 골 3:4; 딛 2:13; 히 9:28; 계 1:7 등등은 '그리스도의 재림'이 눈으로 볼 수 있는 것이라고 하는 사실을 입증하기 때문이다. 성경에 그렇다고 한 사실을 왜 그렇지 않다고 말할 수 있는가? 그것은 정당성을 얻지 못하는 인간의 사변에 불과한 것이다.

네 번째로 그리스도의 재림은 '갑작스런 재림(a sudden coming)'이 될 것이다. 주님의 재림은 갑작스럽고 놀라게 되는 재림이다. 마 24:37-44; 25:1-12; 막 13:33-37; 살전 5:2,3; 계 3:3; 16:15 등이 그 사실을 지지한다.

마지막으로 그리스도의 재림은 '영광스럽고 승리에 찬 재림(a glorious and triumphant coming)'이 될 것이다. 주님은 그분이 낮아지기 위하여 초림하실 때와는 정 대조적으로 영광의 몸에 왕의 옷을 입고 오실 것이다(히 9:28). 그리고 하늘의 구름이 그의 마차가 될 것이며(마 24:30), 천사들은 주님의 보디가드가 될 것이다(살후 1:7). 그리고 천사장들(archangels)은 주님의 전령들(heralds)이 될 것이고(살전 4:16), 하나님의 성도들은 주님의 영광스런 수행원들(His glorious retinue)이 될 것이다(살전 3:13; 살후 1:10). 주님은 '왕중 왕(King of kings)'으로 '만주의 주(Lord of lords)'로 오셔서 이 세상 모든 악의 세력에 대해 승리하시고 그분의 적수들을 그분의 발 아래 두실 것이다.

이렇게 성경과 교회의 신조들은 역사의 종말에 있을 일들과 예수 그리스도의 재림에 대하여 분명하게 제시하고 있다. 그럼에도 불구하고 예수님이 영적으로만 오신다고 하든지, 아무도 모르게 이미 재림했다든지, 직접오지 않고 대리인을 보낼 것이라고 한다면 의심하지 않을 수 없다. 그리고 자기들만 재림의 날짜를 예고할 수 있다고 하면 그것은 틀림없는 이단이다. 벌코프(Berkhof)가 마 24장에 근거하여 서술하고 있듯이, 우리는 '주님께서 오실 정확한 시간을 알 수 없다.' (마 24:36). 그리고 그 정확한 날짜를 계산하려는 인간의 모든 시도는 허망한 것으로 판명되었다. 성경에 근거하여 우리가 말할 수 있는 유일한 사실은 이 세상 마지막에 그가 오신다는 것이다.

Q7. '종말'이란 무엇인가요?

이것은 다소 신학적인 주제이다. '종말'(終末, eschaton)이라는 말은 세상의 마지막을 의미하며, 종말론이란 그 기간 내에 이뤄질 일들에 관한 견해나 설명을 가리킨다고 볼 수 있다. 창조(creatio ex nihilo)에 의하여 세계 만물과 함께 지으신 시간(time)은 그것이 전통적으로 받아들여져 온 어거스틴 개념에서의 영원과 질적으로 다른 그 무엇이든지 아니면 끊임없는 시간의 연속으로서의 영원이라고 하는 개념이든지 간에,[58] 시간이란 종말을 향하여 진행되고 있다는 사실은 분명하다.

교회 역사의 의미는 하나님의 도성과 지상의 도성 간의 투쟁의 역사로 묘사되어져 왔다. 그 전형적인 예가 어거스틴의 경우이다. 어거스틴은 역사의 의미를 하나님과 선한 천사들과 구원받은 백성들로 구성되어지는 '하나님의 도성(the heavenly city)' 과 타락한 천사들과 불택자들로 구성되어지는 '지상의 도성(the earthly city)'으로 구분하였다. 그리고 역사란 이 두 도성이 서로 투쟁하면서 진전하는 것으로 파악했다.

벌코프(Berkhof)는 그의 저서 『역사의 의미 그리스도(Christ the meaning of history)』에서 말하기를, 어거스틴의 경우 역사의 의미는 지상의 왕국과 영원한 왕국 사이의 투쟁(struggle) 속에서 발견되어진다고 했다.[59] 곤잘레스(Gonzalez)도 어거스틴의 역사사상의 역사의 의미를 이와 같이 설명했는데, 그에 의하면 신자들을 양육하고 있는 교회는 아직 천국에 있는 것이 아니라, 역사적 사건들 내에서 투쟁하며 순례자로서 살아가는 것으로 묘사된다.[60]

그러면, 이러한 역사의 종국인 종말의 단계에서 완성되어야 할 '역사의 목적(purpose of history)'은 무엇인가? 어거스틴의 『하나님의 도성 (City of God)』 XIV.10 and XIV.23을 설명하면서, Van Oort는 어거스틴의 역사 개념에 있어서 '역사의 목적'이란 바로 '예정된 자들의 수(the

---

[58] 어거스틴은 영원과 시간 사이의 질적인 차이(a qualitative difference)를 인정한다. Augustine, *The Confessions*. The Nicene and Post-Nicene Fathers (Grand Rapids: Eerdmans, 1983), p.167. 그에게 있어서 '영원'이란 시간의 끝없는 연장이 아니다. Cf. Cullmann, *Christ and Time* (Philadelphia and London: Braford & Dickens, 1951), p.64. 반면에 Cullmann은 시간과 영원의 질적인 차이를 무시한다. 즉 그는 영원이란 끊임없는 시간인 것이다. 그는 신약에 등장하는 '아이온'이라는 용어는 한정된 시간 개념을 뜻할 때나 영원을 나타낼 때 다 쓰인다고 주장한다. 용어적으로 볼 때 차이가 없다는 것이다. Cf. G. E. Ladd, *The Gospel of the Kingdom* (Wm. B. Eerdmans, 1973), p. 26. 래드 같은 학자는 이 'aion'은 영어의 "age"로 번역되는 것이 옳다고 주장한다. 그래서 그에 의하면 신약 성경이 구원사와 관련하여 이 'aion'을 사용할 때에는 '이 세대'(This age)와 '다가올 세대'(The Age to come)을 구분하고 있다고 주장한다.

[59] H. Berkhof, *Christ The Meaning of History* (Grand Rapids: Baker Book House, 1979), p. 23.

[60] J. L. Gonzales, *A History of Christian Thought*. Vol.2. From Augustine to the Eve of the Reformation (Nashville: Abingdon Press, 1985), pp. 51-52.

number of those who are predestined)'가 완성되는 것이라고 했다.[61] Butterfield도 이 점을 강조했는데, 그는 말하기를 어거스틴은 확실히 역사가 하나님에 의해 결정된 선택받은 자들의 수가 달할 때 일어날 어느 끝을 가리키고 있다고 하는 구약적인 견해를 가지고 있었다고 했다.[62]

주님 자신과 사도들은 그리스도의 초림 후 '재림'이 있을 것을 매우 분명하게 밝히고 있다. 공생애 사역이 끝나갈 무렵 예수님은 자신이 '다시 오실 것'이라고 여러 번 말씀하셨다(마 24:30; 25:19, 31; 26:64; 요 14:3). 승천하실 때 천사들도 예수님의 미래 재림을 지적했다(행 1:11). 그리고 사도들도 많은 구절들에서 재림에 대해 말했다(행 3:20, 21; 빌 3:20; 살전 4:15,16; 살후 1:7,10; 딛 2:13; 히 9:28).[63]

Q8. 그러면 '종말' 기간 동안에 있을 일들은 어떤 것이 있나요?

역사의 종말 기간에 일어나게 될 사건들로서는 먼저, 부활사건이 일어날 것이다. 그리스도가 재림할 때 신자들의 부활이 성취된다. 의인뿐만 아니라 악인도 부활한다. 이것은 생명의 부활과 심판의 부활이다.[64] 사두개인들이 그러했듯이, 여러 이단들은 '신자의 부활'을 믿지 않지만 성경은 자는 자들의 부활에 대하여 명백하게 제시한다.[65]

---

[61] J. van Oort, *Jerusalem and Babylon. A Study into Augustine's City of God and the sources of his doctrine of the Two Cities* (Leiden: E.J. Brill, 1991), p. 101.
[62] H. Butterfield, *The Origins of History* (New York: Basic Books, Inc., 1981), p.184.
[63] Louis Berkhof, *Systematic Theology*, p. 695.
[64] 유해무, 「우리는 무엇을 믿는가」, p. 240.
[65] Cf. WMC 32. '인간의 사후 상태와 죽은 자의 부활'에 대하여 기록하고 있다.

다음으로 종말에 있을 사건은 '최후심판'이다. 그날에는 최후심판이 있다. 그리스도는 산 자와 죽은 자를 심판하러 오시는 것이다. 예수 그리스도의 재림 시에 상급을 주실 것이다. 그 상급은 하나님의 사랑의 선물이며, 하나님만이 주실 수 있는 선물이다. 성경은 그것을 '기업'으로 표현하기도 했다.[66] 『웨스트민스터 신앙고백서』 제33장에서는 '마지막 심판'에 대하여 언급하고 있는데, 1절에서는 "성부 하나님께서는 성자 예수 그리스도로 말미암아 공의대로 세상을 심판하실 한 날을 정하시고, 그리스도에게 모든 심판의 권세를 주셨다."고 명시하고 있다. 그 심판의 날에 되어질 일들 가운데는 '타락한 천사들이 심판을 받을 뿐 아니라, 땅 위에 살고 있는 모든 사람들도 마찬가지로 그리스도의 심판대 앞에 나타나 그들의 사상과 말과 행위를 고백하고, 그 몸으로 행한 대로 선악 간에 보응을 받게 됨'을 밝히고 있다.

그리고 종말에 있을 사건들 중의 하나는 '새 하늘과 새 땅'의 도래이다. 새 하늘과 새 땅은 의가 거하는 곳이다. 우리는 거기서 영생을 완전하게 누리게 된다. 계 21:5의 말씀처럼 '만물의 갱신'이 이루어진다. 새 하늘과 새 땅은 세계의 폐기가 아니라 '갱신'을 의미한다.[67] 이것은 고대 교회로부터 현대까지 나타나는 명백한 의견이며, 하나님의 영속적인 신실하심을 근거로 한다.

---

66) 유해무, 『우리는 무엇을 믿는가』, p. 242.
67) Ibid., p. 243.

Q9. 짐승의 표 666에 대하여 알고 싶어요

언젠가 몇 차례 계속 들어온 상담 가운데는 어느 교회에서 666과 바코드 관계에 대하여 강조하는 목사가 있는데, 그렇게 주장하는 사람이 필자가 속한 교단에 속한 분이 아니냐고 문의가 들어온 적이 있었다. 물론 필자가 확인해 본 결과 우리 교단에는 그런 이름의 사람이 없었다. 아마도 그는 '고신' 이라는 이름이 들어간 어떤 교단에 속했나보다. 종말론 자들이 한동안 주장했던 것인데 최근에까지 그러한 식의 주장을 계속 하고 있는 이들이 있다는 것이 이해가 되지 않는다고 한 분으로부터 온 상담전화였다.

그러면 666 그것은 과연 어떤 것인가? 그것은 계 13:18에 언급되어 있다: "지혜가 여기 있으니 총명 있는 자는 그 짐승의 수를 세어 보라 그 수는 사람의 수니 육백 육십 육이니라" 변종길 교수에 의하면, 16-18절의 말씀은 '모든 자에게 표를 받게 하는 것' 에 대한 말씀이다. 666의 정체에 대해서는 그것을 Nero와 연관시켜 설명하려고 한 이로부터, 비밀문자(cryptogram)보다는 하나의 상징(symbol)으로 보려고 한 이들을 포함하여 다양하다.[68] 변종길 교수는 그것을 '짐승에 속했다.' 고 하는 개념으로 이해한다. 그리고 누구든지 이 표를 가진 자 외에는 매매를 못하게 한 것에 대해서는 황제 숭배에 참여하지 않는 그리스도인들은 영업이

---

[68] Robert H. Mounce, *The Book of Revelation* (W. B. Eerdmans Publishing Company,1977), pp. 264-265. 물론 박윤선 박사도 『계시록주석』(고려신학교, 1949), p. 228에서 "우리는 성경의 본문에 의종하야, 이것이 세상의 종말기에 근접해야 이러날 어떤 개인인 사실을 부인하기 어렵다"고 한 바 있다. 박박사에 의하면, 바빙크(Bavinck)는 이것을 악의 세력으로 보았다고 하며, Theodore Zahn과 Abraham Kuyper도 역시 그렇게 보았음을 지적했다.

나 경제활동에 막대한 지장 혹은 어려움을 겪는 것으로 설명한다. 그리고 변교수는 일부 학자들이 666을 Nero 황제와 연관지으려 하지만, 계13장을 요한 당시 로마 제국의 황제인 '도미티안(Domitianus)'가 타당하다고 결론짓고 있다.[69] Stauffer 역시 Coniectanea Neotestamentica에서 [70] 도미티안의 라틴식 이름(full Latin title of Domitian, Imperator Caesar Domitianus Augustus Germanicus)의 헬라어 생략형으로 설명한 것이라고 가정하기도 했다.[71]

그러나 분명한 한 가지 사실은 당시 요한은 그와 친숙했던 이들이 그 숫자를 해독할 수 있도록 의도했다는 것이다. 그랬기 때문에 그로부터 불과 100여 년 뒤의 인물인 이레니우스(Irenaeus)조차도 의도된 사람을 파악할 수 없었을 정도였다고 Mounce는 밝힌 바 있다.[72] 그러므로 이 666을 컴퓨터, 바코드, 신용카드, 세계통일화폐, 적그리스적인 모형 인물 등과 연관시켜 다가올 미래의 종말론적 관점을 증대시키는데 적용시킬 필요는 없을 것이다.

---

69) Ibid., p. 50.
70) Stauffer, *Coniectanea Neotestamentica* XI, pp. 237 ff. Mounce, op. cit., p. 264에서 재인용.
71) Ibid., p. 265.
72) Ibid., p. 265.

Q10. 재림 날짜를 알 수 있나요?

이것은 상담이라기보다는 어느 목회자의 제보였다. 한국교회 보수교단에 속한 지도자가 재림의 날짜를 예고하고 있다고 전달해왔다. 물론 한국교회에는 1980년대 말부터 퍼지기 시작하여 1990년대에 정점을 이룬 '시한부 종말론자들' 이 있었다. 시한부 종말론자들의 극단적인 성향과 운동은 우리 사회에 커다란 충격을 안겨다 주었다. 그 대표적인 것은 1992년 10월 28일 휴거설이었다. 그 외에도 1999년 7월, 1998년과 2000년 사이, 201*설 등이 있어 왔다. 그러나 제아무리 영적으로 깊이가 있는 이라고 할지라도 '재림의 날짜'를 명시한다면 그들은 반성경적이다. 왜냐하면 성경은 명백하게 말씀하시기를 아버지 외에는 그 날과 시를 모른다고 하기 때문이다. 마 24:36; 25:13; 막 13:35-37; 행 1:7 등의 말씀들이 그 사실을 말해 준다.[73] 하나님께서 성경을 통하여 밝히 말씀하셨는데도 그 말씀에 귀 기울이지 않는다면 그것이 바로 이단임을 알아야 할 것이다.

---

73) 마 24:36 "그러나 그 날과 그 때는 아무도 모르나니 하늘의 천사(天使)들도, 아들도 모르고 오직 아버지만 아시느니라". 마 25:13 "그런즉 깨어 있으라 너희는 그 날과 그 시를 알지 못하느니라". 막 13:35-37 "그러므로 깨어 있으라 집 주인(主人)이 언제 올는지 혹(或) 저물 때엘는지 밤중엘는지 닭 울 때엘는지 새벽엘는지 너희가 알지 못함이라. 그가 홀연(忽然)히 서 너희의 자는 것을 보지 않도록 하라. 깨어 있으라 내가 너희에게 하는 이 말이 모든 사람에게 하는 말이니라 하시니라."

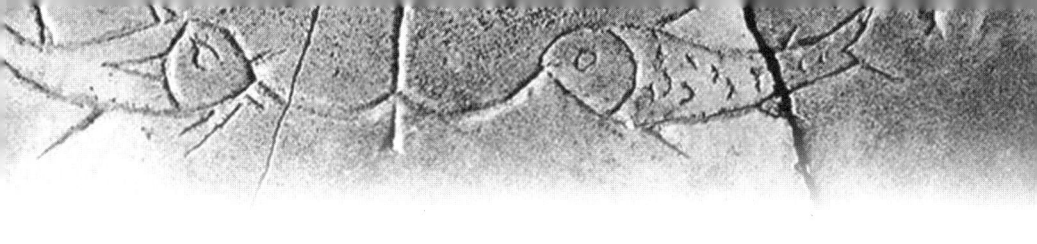

대학캠퍼스

Q1. 이단 연루 서클에서 행하는 봉사활동에 참여해도 될까요?

어느 성도로부터 걸려온 상담전화였다. 모 지역 대학교 내에는 기성 교단들로부터 이단으로 규정받은 단체에 속한 동아리가 있는데 그 동아리에서 봉사활동을 나가는데 함께 가도 되느냐고 물어왔다. 이것은 성경공부를 위한 캠프도 아니기 때문에 가도되지 않을까 하는 생각으로 전화한 모양이었다. 그러나 이단들이 최근들어 직접적으로 성경을 가르치기 보다는 '문화적 포교전략' 을 구사하고 있다는 것을 알아야 하겠다. 그들은 스포츠 댄스, 노래 지도 등등의 문화적 프로그램을 통하여 기성교회의 신자들을 참여시키고 있다. 그 동아리의 사회봉사 문제도 같은 맥락에서 이해해야 할 것이다.

요즘 들어 이단들은 대학 동아리들을 통하여 집중적으로 포교활동을 벌이고 있다. 겉으로는 문화, 봉사, 친교 등의 동아리 이름이지만 속으로는 이단 쪽으로 유인해가고 있는 서클들이 많다. 그러므로 이단의 후원을 받고 있는 동아리라면 가입하지 않아야 할 것이고, 또 참여해서는 안 될 것이다. 왜냐하면 기독교인들의 동역(同役)의 기초는 곧 우리 주 예수 그리스도에 대한 역사적이며 정통적인 고백에 있기 때문이다. 그 고백에서 벗어나 있는 이들과의 연합 사역은 의미가 없으며, 오히려 이단에 넘어갈 가능성이 다분하기 때문이다.

Q2. 대학가에서 이단들이 포교하고 있는 방법들에는 어떤 것들이 있나요?

어느 교역자의 질문이다. 그분 교회에 누군가가 어떤 이단 단체 동아리에 가입했으며, 그 문제를 수습하느라 무척 지친 음성이었다. 이단들의 공략방법들은 다양하다. 최근들어 그들은 기성교회들 속에 자신들의 추종자들을 위장 등록시키고 있으며, 이미 침투한 이들이 다른 멤버들을 새신자인 양 인도하도록 하고 있다. 이단 단체들이 기성교회를 향하여 이러한 전략을 구사함과 동시에 또 다른 주된 목표물로 삼고 있는 것은 바로 '캠퍼스'이다. 이단들은 캠퍼스에서 전혀 타종교를 가지고 있는 이들에게 접근하기도 하지만, 상당수의 경우에는 신자의 자녀들을 포함한 '기존 크리스천 대학생들'이다. 이단은 내일 교회의 주역이 될 신자의 자녀들을 캠퍼스에서 공략하고 있는 것이다.

사실 신자들의 자녀들 중 적지 않은 대학생들은 이미 그들에게 노출

되었으며, 현재 이단들의 집회에 참여하거나 성경공부 혹은 Q.T.모임 등에 참여하고 있는 것으로 드러났다. 일단 이단 단체에 성도의 자녀들이 노출되기 시작하면, 그들은 처음에는 자신들의 신분을 드러내지 않지만 일정한 단계가 지나고 나면 자신들의 정체를 알린 후에 반응을 쳐다본다. 신자의 자녀들이 일단 이단에 연루되어 그들의 교육을 받게 되면 영적 정신적 혼동 상태를 경험하게 된다. 그들은 자신의 정체성에 대하여 위기를 겪게 되어 있다. 그 결과 그동안 주입되어진 이단 사상에 의하여 그릇된 자아관을 형성하게 되며, 자신의 삶 속에서 최대의 위기를 경험할 수밖에 없다.

이단은 교회 밖 특히 '캠퍼스'에서 포섭 대상자들을 찾는다. 꿈과 낭만, 지성과 진리를 향한 탐구가 있어야 할 캠퍼스들이 이제 이단 단체 출신의 학생들에 의하여 잠식당해 가고 있는 것이다. 물론 이단들의 캠퍼스 공략 방법은 어제 오늘의 일이 아니다. 그리고 그들이 국내외적으로 계속하여 활동하고 있는 것은 이미 알려진 사실이다. 더욱 심각한 것은 이단 사이비 단체들이 입시학원들에서 공부하고 있는 재수생들까지 포섭하려고 하고 있다는 사실이다. 그렇기 때문에 오늘날 한국교회는 캠퍼스 이단 문제를 재고할 때에 대학생은 물론이며 입시 준비생들과 고등학교 이하의 학생들에게까지도 폭을 넓혀 접근하지 않으면 안 될 것이다.

주지하다시피 대학가나 학원에서의 이단 사이비 단체들의 활동은 점점 더 조직화되어가고 있다. 그들은 기성교회의 학원복음화 전략에 못지않게 그들의 시스템을 정비하고 심화시키고 발전시켜가고 있는 것이다. 그들은 계획적으로 학원가를 점령하려고 한다. 벌써 일부 대학교에서는 그러한 사례가 드러났다. 그들은 더욱더 조직적인 방법으로 기성교회들의 대학복음화 동아리들 혹은 동아리 연합을 무력화시키려고 한다. 그리고 그들은 당분간 그러한 전략을 계속 고수할 것이다. 그것은 영적 대결(spiritual confrontation)이다. 그렇다. 대학가는 영적인 대결 속에 있는 것이다. 중생한 신자들인 대학생들과 이단자들 간에 영적 대결의 장소라고 하는 측면을 동시에 가지고 있는 것이 캠퍼스이다. 그것은 어거스틴적인 도식으로 말하자면 하나님의 도성과 지상의 도성 간의 대결이며 투쟁(struggle)이라고 할 수 있다. 순수한 학문과 진리 탐구의 도장에 대하여 우리가 영적인 의미를 부여하는 것은 지나친 행위일까? 아니다. 그리스도 안에 있는 영성 안에서 우리의 학문이 이뤄져야 한다는 것을 전제할 때는 당연한 귀결일 수밖에 없는 것이다.

앞서 말한 바와 같이 이단 사이비 단체들은 학원가를 점령하기 위하여 중장기적(中長期的)인 계획을 가지고 있다. 그들은 또한 아주 지엽적이며 전체적인 전략을 동시에 가지고 있다. 그들은 최소한 그러한 시스템을 가지고 신자이거나 불신자인 학생들에게 접근해 오고 있다. 게다가 그들의 전도전략은 그렇게 단순하지 않다. 적어도 그들은 기성교회 성도들이 상상할 수도 없으리만큼 다양한 부서들을 가지고 있다. 전도에 집중하는 부서가 있는가 하면, 전도와는 직접적 연관이 전혀 없는 문화부, 그리고 섭외부나 봉사부, 교육부 그리고 그 외 특별한 부서들까지도 두고 있다. 그들은 그렇게 다양한 부서들을 이용하여 기성교회 신자들의 자녀들이나 크리스천 대학생들에게 '총체적으로' 접근하고 있는 것이다.

앞서서도 언급한 바 있지만, 이단 사이비 단체들은 이제 고루하고 단순한 방법으로만 포교하지 않는다. 그들은 전래의 전통적인 문서전도를 통한 포교방식의 틀에서 벗어났다. 즉 그들은 그들의 '포교방식의 유형'에 변화를 가져왔다. 패러다임 쉬프트를 한 것이다. 그들은 더 이상 재래적인 방법으로는 포스트 모더니즘적 사상이 만연해가는 현대 사상의 조류 속에서 포교할 수 없다는 것을 확인한 후, 계속해서 기성교회의 공격을 받으면서 그들이 자생할 수 있고 생존해 갈 수 있는 포교방법의 새로운 패러다임을 구축한 것이다. 그들은 기성교회가 상상치도 못한 다양한 방법과 매체들을 가지고 신자의 자녀들에게 접근해오고 있기 때문이다. 특히 그들은 문화매체 혹은 문화매체 교육을 목적으로 하는 서클 활동을 강화하고 있다. 디지털 카메라 작동법을 가르쳐주는 서클이나 수화를 가르쳐주는 서클 등이 있으며, 수화 찬양을 가르쳐주는 서클, 아트 풍선 만들기 클럽도 있다. 그런가 하면 기타나 악기를 가르쳐주는 서클, CCM을 지도하는 서클 등 다양한 서클들을 통하여 기성교회 출신의 학생들에게 접근해오고 있는 것이다.

신자들의 자녀들도 캠퍼스 내의 다양한 '서클 활동'을 통하여 자기개발을 해 가야 한다. 그러나 서클 가입을 앞두고 염두에 두지 않으면 안 되는 부분이 바로 '서클을 이용한 이단의 접근'이다. 대부분의 서클들이 건전함에도 불구하고 일부 이단 사이비 단체들이 포교의 목적으로 교묘하게 위장하여 만들어 놓은 서클들이 많기 때문에 크리스천 부모들 및 학생들인 자녀들은 각별히 유의해야 할 것이다. 물론 자녀들이 자율적으로 서클을 선택하지만, 그래도 크리스천 부모는 자녀들이 서클에 가입함에 있어서 기도해 주면서, 신중하게 고려할 것을 권면해야 할 것이다. 그것은 자녀를 맡기신 주님의 요구에 응하는 하나의 측면이라고 할 수 있다. 그리고 그렇게 해 줄 때에 자녀들 쪽에서도 부모의 권유에 대하여 감사하게 될 것이며, 학내 서클 활동들에 대하여 영적으로 조명해 볼 수 있는 기회도 가지게 될 것이다.

그렇기 때문에 한국교회의 교역자들은 학원의 중요성을 다시 한 번 인식하고, 교회 성도들에게 그들의 자녀들의 '서클 가입 및 활동'에 대하여 타당한 견해를 가지고 자녀들을 지도할 수 있도록 권면해야 할 것이다. 동시에 한국교회는 캠퍼스 복음화를 위해 애쓰고 있는 헌신적인 사역자들에 대하여 감사해야 한다. 그들이 캠퍼스에서 크리스천 학생들을 위하여 사역할 때에 더욱 안정적으로 임할 수 있도록 교회는 기도하는 일과 물질적으로 충분하게 지원하는 일을 잊지 말아야 할 것이다.

오늘 우리가 대학가에서 복음을 전하는 사명과 방어하는 사명을 신실하게 감당한다면 내일 한국교회의 전망은 밝을 것이다. 그러나 오늘 학원 사역자들을 경시하고 캠퍼스를 방치한다면 내일 우리는 '캠퍼스에서 강화된 이단'에 의하여 위기를 겪게 될 것이다. 그러므로 한국교회는 주님 앞에서 책임을 다해야 할 것이다.

Q3. 신학대학에 이단 연루 교회에 다니는 학생들이 많은 듯해요. 어떻게 해야 할까요?

어느 신학대학의 학생으로부터 2, 3회 이메일로 온 상담이었다. 이단들이 일반대학은 물론이고 신학대학에까지 침투해 와 있는 것은 한국교회에 경종을 울리는 것이다. 그들은 신학대학의 학부생들뿐만 아니라 신학대학원의 다른 과들에도 학생들을 등록시키는 경우도 있다. 이러한 부분들에 대하여 학교 당국은 깨어 있어야 할 것이다. 최근에도 필자는 이러한 제보를 받아 모 신학대학교에 알려준 바 있다.

이런 경우가 생길 때에는 무엇보다도 먼저 담당교수, 학생처, 채플 담당자들이 아주 지혜롭게 접근하지 않으면 안 된다. 그들의 신앙사상을 점검하고, 이단 교리의 어떤 부분들이 잘못되었는지 설명하는 절차를 가져야 한다. 그러나 이단들도 자신들의 변증 내용을 이미 다 교육시키고 있기 때문에 설득시키는 것이 쉽지 않다. 이단에 빠진 학생을 상담하는 것 그 자체가 영적인 문제이기 때문에 더 많은 기도가 필요하다. 그리고 가능하면 이단에 빠진 경험이 있지만 지금은 기성교회에서 잘 교육받고 있는 이들이 그들을 상담해주는 것이 좋다.

나아가서 기독교 대학들은 '학칙'에 이단 관계자들을 대처하는 조항을 삽입할 필요가 있다. 기독대학 본연의 사명을 감당하기 위해서는 이 부분이 점검되지 않고서는 안 된다. 이를 위한 교수들과 담당직원들의 총체적인 지혜와 접근이 필요하다.

마귀론 ('귀신론' 참조)

말세론 ('종말론' 참조)

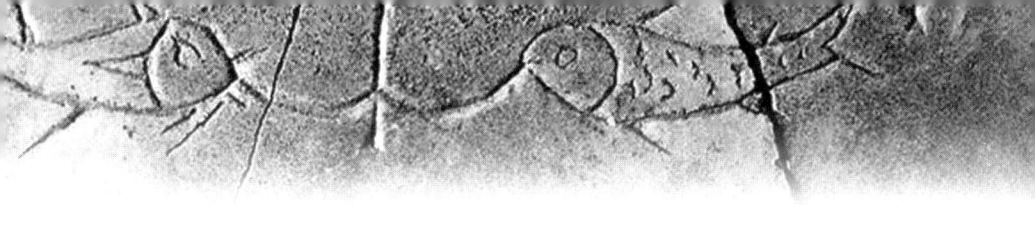

Q1. 이단에서 받은 세례, 인정해 줘야 하나요?

어느 목사님이 고민 가운데 상담을 요청해 오셨다. 그것은 다름 아닌 이단에서 받은 세례를 인정해줘야 하는가의 문제였다. 그러나 그 답변은 비교적 명료할 수 있다. 이단은 기독교의 근본교리들에 대한 이해가 결여되어 있다. 그러므로 그 그릇된 교리에 의하여 세례를 받은 것이므로 재확인하는 절차가 필요할 것이다. 본인이 원한다면 일정한 바른 교리 교육 이후에 세례를 베풀 수 있을 것이다. 그러나 종종 천주교에서 온 사람의 경우 성삼위의 이름으로 받은 세례이기 때문에 인정해주기도 하며, 또 그들이 새롭게 받기 원할 때에는 그렇게 하는 경향이 있다.

한국의 장로교 계통에서 자연스럽게 따르고 있는 장로교정치 원리는 하지(J. Aspinwall Hodge)가 쓴 『What is Presbyterian Law?』의 내용을 따르고 있다. 1919년 제8회 총회가 이 책을 장로교 정치를 위한 웨스트민스터 교회정치를 축조 해석한 성격을 고려하여 참고서로 따르고 있다. 144문답에서는 이 부분에 대하여 다음과 같이 문답하고 있다.

> 문: 다른 교파 교회의 세례를 합당한 것으로 인정하느냐?
> 답: 어느 교파든지 예수의 교회로 인정할 수 있으면 혹 그 목사는 인정할 수 없어도, 그 교회의 세례는 합당한 것으로 인정한다. 유니테리언 교회처럼 삼위일체이신 하나님의 도리를 부인하는 무리는 예수교회로 인정치 아니하므로 그 세례를 부인한다. 로마교회의 세례는 당회가 제각기 합당하다고 여기면 그대로 인정하거나 다시 세례를 베풀 수도 있다. (Presbyterian Digest, p. 788)

Q2. 저희 교역자님 중 한 분이 담임목사님 모르게 성도들을 데리고 이단으로 알려졌던 사람의 집회에 다니고 있었어요. 담임목사님께 알려야 하나요? 어떻게 해야 할까요?

어느 성도의 근심어린 상담전화였다. 그는 그 사실을 교회에 알리기를 두려워하였다. 그는 매우 사려 깊은 분이었으며 어떻게 해야 할 방법을 알기 위하여 조언을 구해왔다. 그것은 더군다나 서로 잘 아는 사람들끼리라면 담임목사에게 알리는 것이 아주 힘들 것이다. 이런 경우에는 먼저 그 부교역자에게 이단시비가 있는 그곳으로 교인들을 데려가는 것이 적합하지 않다는 것을 말해줘야 한다. 그래도 듣지 않는다면 담임목사님께 말씀드리지 않을 수 없다고 직언하는 것이 현명하다. 그러나 만약 그러한 절차를 밟지 않고 곧바로 담임목사님께 말씀드려버리면 사건은 걷잡을 수 없게 될 수도 있다. 그러나 만약 담임목사님이 그 이야기를 들어도 충분히 소화해내고 또 침착하게 그 사태를 수습할 수 있다면 그렇게 해도 좋을 것이다.

부교역자는 담임목사의 목회를 보조하도록 부름을 받은 사람이다. 같은 목사이지만 그 교회의 담임목사가 추구하고 있는 바를 협조하는 위치에 있어야 한다. 담임목사의 정책이 전혀 성경적이지 않은 독선이라고 할 때는 문제가 달라질 수 있지만, 그렇지 않은 한 담임목사에게 순종해야 한다. 더구나 담임목사 몰래 교인들을 이단시비가 있는 집회에 데리고 간다는 것은 옳지 않다.

Q3. 성도들 가운데 몇 사람이 어떤 훈련을 받은 후, 성도들이 분열되고 있어요.

어느 지방의 어느 교단 교회 장로님으로부터 걸려온 전화였다. 자신이 섬기는 교회의 목사님과 사모님이 어느 목사님의 세미나에 가서 수차례 교육을 받았으며, 교회에서 그대로 실천하는 과정 중에 교인들이 거의 다 떠나고 겨우 소수만 남았다고 하는 내용이었다. 참으로 마음 아픈 일이었다. 목사님은 나름대로 교회를 부흥시켜보려고 어떤 세미나에 참석하여 교육 받고 실천하려 했지만 특별히 '교회행정'적인 문제가 잘못

되었기 때문에 교인들이 떠난 경우였다. 목사에게 영적 권위가 필요하다. 그러나 그것이 왜곡된 카리스마가 되어버릴 때 문제가 발생한다. 그러므로 목회자는 주님께서 자신의 권위를 세워주시도록 주님께 순종하며, 또 그러한 모습을 교인들에게 보여야 한다. 그럴 때 자연스럽게 교인들이 목회자들을 존경하게 된다. 그것이 자연스럽게 형성되는 권위이다. 그러나 그렇지 못하고 어떤 제도적이거나 가시적인 영향력을 발휘하여 자신의 권위를 내세우고 교회를 통제해 가려고 하면 반드시 문제가 생기게 되어 있다. 이러한 부분들을 유념할 때에 위와 같은 문제는 발생하지 않을 것이다.

Q4. 장로교회인데 제직회나 당회가 없어도 되나요?

모 교회 집사님으로부터 걸려온 상담전화였는데, 그분의 교회는 근래에 그 영향력을 증대시켜온 모 지도자의 영향을 받아 건전한 한 장로교단에 속한 교회이면서도 장로교의 정치제도의 특징인 '당회'나 '제직회'의 권위를 인정치 않는 양상으로 발전되어 갔다. 처음에는 교인들은 담임목회자의 목회철학의 변화를 이상하게 여기지 않았으나, 점차로 당회와 제직회의 회의를 통과하지 않은 일들을 목회자 단독으로 처리해버리고, 그 처리결과들을 사후에 발표하는 형식을 취하게 되자, 강력하게 반발하게 되었다고 한다.

물론 목회는 목회자의 목회철학에 기초하여 하는 것이지만, 그러나 그 목회철학이 자신의 소속 교단의 정신과 위배되어 있는 경우들이 종종 발생한다. 그러나 목회자는 자신이 속한 교단의 행정적인 절차들을 무시할 수 없다. 교단의 주된 정신과 흐름에서 벗어난다면 벌써 그 목회자는 그 교단이 지향하고 추구하는 바에 동의하지 않고 있는 셈이다.

교회는 초대교회 시절 이래로 '회의를 거쳐' 그 중대 사안들을 심의하고 결정해왔다. 가령 장로교 정치 제도는 목사와 장로의 회가 주축이 되어 정치해가는 제도를 의미하는데, 장로교 교회이면서도 당회를 모이지 않는다든지 당회의 결의 없이 담임목사가 일방적으로 일을 처리해버리는 것은 상식적이지 못하다고 할 수 있다. 그리고 교인들의 대부분의 중지를 모을 수 있는 제직회의 권위를 좌시하는 것 역시 결코 바람직한 일은 아니다.

목회자나 성도들은 어떤 개인이나 단체들의 프로그램들에 참여하여 자신의 영성을 개발해 갈 수 있겠지만, 그러나 그렇게 배워 온 사실들의 장점들만을 잘 살려서 기존 교회의 질서에 위배됨 없이 온전하게 적용할 수 있어야 할 것이다. 위와 같은 경우들이 발생하는 것을 보고 또 계속하여 그러한 운동이 쇠퇴하지 않고 진전되고 있는 점들을 볼 때 목회자들의 심도 깊은 현실직시와 자기반성이 요구된다고 본다. 한 순간 잠시 새롭게 보이는 것보다 더 중요한 것은 교회의 역사 속에서 정통교회가 보존해 온 것들이다. 늘 중요한 정신은 성경과 정통 속에 있는 것이다.

Q5. 교단에서는 출입하지 말라고 한 곳으로 가도 될까요?

필자가 속한 교단의 어느 목사님으로부터 걸려온 상담전화였다. 교단으로 불건전한 기도원으로 규정해 놓고 있는 어느 기도원에 교단 소속의 목사들과 교인들이 많이 가고 있다는 것이었다. 많은 교단 목사, 사모, 교인들이 참석하고 있다는 것이다. 게다가 그러한 곳에 교단 소속 목사들이 부흥회 강사로 나가고 있으므로, 어떻게 해야 할지를 물어왔다. 특히 이단 사이비 단체와 관련하여 교단 총회에서 규정해 놓았다면, 목사들부터가 자제해야 한다. 왜냐하면 목사는 교단에 소속되어 있는 사람이기 때문이다. 그 말은 교단의 이념과 행정에 의하여 제재받기로 서약했다는 것을 의미한다. 목사는 노회에서 안수를 받을 때 그러한 부분들에 대하여 점검 확인받는다. 그럼에도 불구하고 그러한 질서를 역행하는 일을 계속한다는 것은 결코 바람직하지 못하다. 개인적으로는 어느 특정한 한 사람의 설교나 사상을 추구하고 싶더라도, 교단적으로 규정하는 결의를 한 후에는 출입을 삼가야 한다. 목사가 먼저 교단 결의를 따를 때에 성도들도 순종하게 될 것이다. 지금 한국교회 각 교단들은 이단 관련 규정을 내려놓고 있지만 정작 소수의 몇몇 목사들부터 순종하지 않기 때문에 이단 사이비지도자들의 사역이 더욱 강화되고 있다.

Q6. 교단에서 가지 말라고 한 곳에 갔다는 사실이 알려지면, 벌을 받게 되나요?

어느 집사님으로부터 받은 상담인데, 그분 주변에 어느 분이 교단에서 금지한 곳으로 계속 다니고 있었던 모양이다. 아니면 집사님 자신이 그렇게 출석하고 있었는지 모른다. 어쨌든 교단에서 금지해 놓고 있는 세미나나 부흥회 성경공부 등에 참석한다는 것은 옳지 않다고 할 수 있다. 왜냐하면 한 교단이 어떤 단체를 이단으로 규정할 때에는 정말이지 심도 깊은 연구와 절차를 따르고 있으며, 특히 교단 성도들의 신앙을 보호하기 위하여 규정하기 때문에 성도들이 그 결정에 따른다는 것은 바로 자신의 신앙을 보호받을 수 있다는 것을 의미한다. 그러므로 자신이 참여하고 있는 성경공부나 부흥회가 교단에서 금지해 놓은 것이라면 당연히 참석하지 말아야 한다.

Q7. 최근 제 생활이 주일날 교회 밖 활동에 치중하게 하는데요, 어떻게 하면 좋을까요?

보수 교단 교회에 출석하지만 교회 밖의 기관(para-church)들 중의 하나인 대학생선교단체에서 훈련받고 있는 어느 자매로부터 걸려 온 전화였다. 그녀는 자신의 선배가 주일날에도 그 단체에 와서 예배하자고 권유하는 문제로 고민하고 있었다. 그것은 고민될 수밖에 없는 일이었다. 교회 중심으로 생활하는 이에게 그것도 주일날 교회 밖에서 모여 함께 예배하자고 하는 제의는 그를 혼란스럽게 했던 것이 틀림없다.

여기에서 우리는 교회 밖의 기관 즉 para-church의 존재 의의와 역할에 대하여 생각해보지 않을 수 없다. 정통적이며 보수적인 견해는 주님께서는 그분의 교회를 중심으로 복음증거(선교 포함)의 역사가 진전하게 하신다는 신념이었으며, 이 신념은 변함이 없을 것이다. 그러나 우리 사회에는 교회가 담당할 수 없는 특정 영역들이 있다. 그러므로 그 영역들 속에서 전도(선교)하려고 하는 교회 밖의 기관들이 생겨난 것이다. 그러나 교회 밖의 기관들은 그 기관들 나름대로의 역할을 감당하기에 만족해야 한다. 그들도 자신들이 속한 교회를 중심으로 교회를 섬기면서, 특정 영역 속에서 사역해야 하기 때문이다. 그럼에도 불구하고 우리 사회에서는 교회 밖의 선교기관이 그 자체가 교회의 역할을 감당함으로써 기성교회와의 혼란을 야기시켜오기도 했다.

위의 상담 건은 바로 이러한 맥락에서 이해되어야 하는데, 그 자매의 경우 그렇게 제의를 받았을지라도 학교에서의 성경공부 및 교제는 그들과 나눌 수 있을지라도, 주일은 자신이 출석하는 본 교회에서 예배드리며 봉사해야 하는 것이다. 한국교회의 많은 대학생 선교 사역자들도 이 점을 유념하여 봉사함으로써 교회와 선교기관의 마찰을 심화시키지 말아야 할 것이다. 그러지 못할 경우 기성교회로부터 계속하여 무관심과 비판의 대상으로 남아있을 수밖에 없을 것이다.

Q8. 주일날 교회 이외의 '센터' 같은 곳에서 모여요. 계속 가도 될까요?

학원 교사로 간주되는 어느 여성 불신자로부터 받은 상담이다. 자신의 반 아이들이 교회가 아닌 무슨 '센터' 같은 곳으로 간다는 제보였다. 또 그 학생들의 부모들이 내담자에게 그 센터로 같이 가자고 제의한다는 내용이었다. 그들은 평일날도 주일날도 센터로 간다고 한다.

왜 그들은 만약 그들이 진정한 크리스천들이라면 주님께서 세우신 '교회'라는 이름을 사용하지 않을까? 기성교회에 대한 반발심이 작용했거나 아니면 이단들이 교회로 가장하여 들어온 것이기 때문일 수 있다. 최근에도 어느 이단 침투조가 장로교의 간판을 달아놓고 위장 교회를 운영했음이 드러나기도 했듯이, 많은 이단들은 '교회'라는 이름 대신 다른 이름으로 사용하고 있다. 그러므로 이러한 경우에 각별한 주의가 요청된다. 그리고 그러한 곳에 다녀보았을 경우에, 그들의 주보라든지 교회 팸플릿 등을 기성교회의 교역자들에게 보이거나 전문 상담가들과 상담할 필요가 있다.

Q9. 신자가 이단이 경영하는 단체에서 일해도 되나요?

종종 이런 상담이 들어온다. 때로는 이단이 경영하는 어학학원, 학교, 직장들과 연관된 질문들이다. 당사자들로서도 불편을 느끼고 있을 것은 분명하다. 더군다나 교회에서 중직자이면서 그러한 경우에 처해 있는 당사자들은 그야말로 고통이 클 것이다.

문제는 그러한 이단 단체가 정통교회에 다니고 있는 자신들의 직원에 대하여 어느 정도로 영향력을 행사하고 있느냐이다. 항상 그렇지는 않더라도 간혹 치르는 행사들 가운데 그 이단들 고유의 예식에 참여하라든지 아니면 그들의 고백을 같이 해야 할 경우가 생길 수도 있을 것이다. 그러한 고통이 당사자들에게 있는 것은 물론이요, 문제는 교인들이 그러한 사실을 알고 있을 때 심각해지기도 함을 필자는 상담을 통하여 수차례 듣게 되었다.

이 문제에 대하여 우리는 어떻게 접근할 수 있을까? 먼저, 당사자를 위하여 기도할 필요가 있다. 그가 그 직장 아니라도 다른 건전한 직장에서 일할 수 있게 되기를 기도해주는 것이다. 당사자 자신도 이를 위하여 기도할 필요가 있겠다. 자신은 전혀 그렇지 않지만 다른 성도들이 실족할 수도 있겠기 때문이다. 우리 사회는 불교나 유교가 지배하고 있는 사회이다. 신자들이 그렇게 다른 종교를 가진 경영자 밑에 들어가 일할 수 있으며 또 그것은 그렇게 심각하게 여겨지지 않는다. 그렇지만 그것이 이단 단체일 경우에는 경각심을 가지고 보게 된다. 그러므로 성도들은 그러한 당사자를 위하여 질시하기 보다는 위하여 기도해주고, 당사자는 주님께서 자신에게 더 좋은 다른 직장을 허락해주시기를 간구하고 구하는 지혜를 발휘해야 할 것이다.

Q10. 전도나 기도가 필요 없나요?

여 성도로부터 요청받은 상담입니다. "목사님 제가 최근에 참석해서 훈련을 받았던 모 단체의 가르침에 의하면 '전도나 기도가 필요 없다.'고 합니다. 그 말이 옳은가요?" 전도나 기도가 필요 없다는 말은 한 마디로 비성경적이며 반기독교적인 주장이다. 간혹 어떤 이단시비 단체에서 '전도가 필요 없다.'고 하지만 실제로 그들은 전도하고 있는 것을 볼 수 있는데, 그렇다고 하더라도 정통적인 교회가 사용하고 있는 기독교 용어들에 대한 개념을 바꿔버린다든지[74] 무시하거나 부인하는 경우는 이단적 성격을 지닌 단체로 보면 될 것 같다. 왜냐하면 기독교의 정통은 역사적 교회가 지녀온 말씀과 특징들과 요소들 위에 서 있기 때문이다.

---

[74] Cf. 정동섭, op. cit., p. 59. 정교수에 의하면, 옥스퍼드 대학의 Alister McGrath 교수도 이 부분을 지적한 바 있는데, 이단은 정통교회의 교리를 받아들인 후에 "그 의미를 내적 일관성 없는 모순된 방식으로 해석"한다는 것이다. p.142에서도 정교수는 그것을 '특수 언어'라고 하는 제하에서 설명하고 있다.

Q1. 인간이 '보혜사' 일 수 있나요?

한국교회 내에는 자신을 '보혜사' 라는 이름으로 자칭하고 있는 이들이 있다. 물론 한국교회뿐만 아니라 세계교회의 역사를 통하여 볼 때 자신을 보혜사라고 주장한 이들이 무수히 존재해 왔다. 그들은 '성령' 과 연관된 용어인 '보혜사' 라는 말을 인간 교주 자신에게 잘못 적용시키고 있는 것이다.[75] 인간을 보혜사라고 주장하는 것은 신학적으로 치명적인 오류를 지니고 있는 표현이다. 만약 성도들의 주변에 있는 사람들 가운데 어떤 인간을 가리켜 보혜사라고 소개하는 이들이 있다면 경계해야 한다. 가령 예수님이 구원 사역을 완성하지 못하고 실패했지만 그 사역의 완성을 인간 보혜사인 자기들의 교주에게 위임했다거나 혹은 예수님이 재림하셨지만 인간의 누구누구에게 임하셨고 그 인간이 보혜사가 되셨

---

75) 참조. 현대종교 편, 『한국의 신흥종교』, p. 204.

다는 식으로 설명한다면 그것 역시 이단임에 분명하다. 왜냐하면 보혜사라는 용어는 하나님이신 성령님을 가리켜 특별히 사용된 말이기 때문이다.

그러면 '보혜사'라는 표현이 어디에서 나오는지 그리고 그 의미가 무엇인지 살펴보자. 먼저 요한복음 14장 26절에는 이렇게 기록되어 있다. "보혜사 곧 아버지께서 내 이름으로 보내실 성령 그가 너희에게 모든 것을 가르치시고 내가 너희에게 말한 모든 것을 생각나게 하시리라." 그리고 15장 26절에서는, "내가 아버지께로서 너희에게 보낼 보혜사 곧 아버지께로서 나오시는 진리의 성령이 오실 때에 그가 나를 증거하실 것." 이라고 말씀한다. 그리고 16장 7절에서는 "그러하나 내가 너희에게 실상을 말하노니 내가 떠나가는 이 너희에게 유익이라 내가 떠나가지 아니하면 보혜사가 너희에게로 오시지 아니할 것이요 가면 내가 그를 너희에게로 보내리니"라고 기록되어 있다.

이러한 성경 구절들에서 언급되어 있는 '보혜사(保惠師)'라는 말은 그리스어의 '파라클레토스(parakletos)'라고 하는 말이다. 이 말은 "곁에서"라는 의미를 가지고 있는 '파라(para)'라는 말과 "부르다"라는 의미의 '칼레오(kaleo)'라는 말이 결합된 말이다. 그러니까 "곁에서 돕기 위해 부름을 받은 자"라고 이해하면 된다. 그리고 이 용어는 '위로자(comforter)' 혹은 '변호자(advocate)'라고 하는 뜻을 가지고 있다. 이 부분에 대하여 박형룡 박사는 요 14:16, 26, 15:26, 16:7, 요일 2:1에만 발견되는 이 용어는 요한복음에서는 '보혜사'로 요한일서에서는 '대언자' 로 번역되고 있다는 점을 지적했다. 요일 2:1에서만 그리스도는 대언자로 솔직히 칭호되셨으며 물론 요 14:16에서는 함의적으로 그렇게 되셨다고 한다. 그리고 요한복음에서 '파라클레이토스' 라는 명사는 '정규적으로 성령(聖靈)에게 적용.' 했다고 밝힌 바 있다.[76]

박 박사도 서술하기도 한 것처럼, 우리의 주 예수께서 '파라클레이토스' 라는 용어를 사용하실 때에는 '성령' 과 관련되어 있다는 사실이다. 물론 이 용어는 예수님과 관련하여 사용되기도 했다.[77]

그러나 요한복음에서 말씀하시는 예수님의 설명에 의하면 이 용어는 주로 예수님이 승천하신 후에 보내실 '성령' 을 '보혜사' 로 묘사한 것이라고 보는 것이 타당하다. 14:26에 "보혜사 곧 아버지께서 내 이름으로 보내실 성령" 이라고 묘사하고 있다. 그리고 15:26에는 "내가 아버지께로서 너희에게 보낼 보혜사 곧 아버지께로서 나오시는 진리의 성령" 이라고 말씀하고 계시기 때문이다.

이렇게 볼 때 우리는 '보혜사(Parakletos)' 라는 용어가 누구에게 적합한 것인지를 확인하게 된다. 그것은 주님 자신에게도 적용되기도 용어이면서[78] 동시에 '성령' 을 지칭하고 있는 표현이라는 것이다. 즉 하나

---

76) 박형룡, 『박형룡 박사 저작 전집 IV』 (교의신학. 기독론) (한국기독교교육연구원, 1983), pp. 270-271.
77) Cf. 요한일서 2:1 여기에 보면 그리스도는 신자들의 'parakletos' 로 묘사되고 있다. 한역에서는 '대언자' 로 번역되어져 있다. 그리고 요 14:16에서도 예수님에 대하여서도 'parakletos' 라는 용어가 사용되었음을 알 수 있다. "내가 아버지께 구하겠으니 그가 또 다른 보혜사를 너희에게 주사 영원토록 너희와 함께 있게 하시리니"라고 할 때, '다른' 이라는 말은 전혀 이질적인 것을 가리킬 때 사용하는 '헤테론' (heteron)이라는 말과는 다른 '동종 내에서 다른 것' 을 의미하는 '알론' (allon)이라는 용어가 사용되었음을 염두에 두라. Robertson은 이 본문의 이 용어에 대하여 잘 설명하고 있다. 그에 의하면, '파라칼레오' 라고 하는 말에서 나온 이 고어(Demosthenes의 표현)는 legal assistant, pleader, advocate 등의 뜻을 가지고 있다는 것을 설명한다. 그리고 그는 크리스천은 아버지와 함께 하시는 보혜사이신 그리스도와 우리 안에서 아버지의 보혜사로서 계시는 성령을 모신다고 한다. Cf. Archibald T. Robertson, *Word Pictures in the New Testament*, Vol. V. (Nashville, Tennessee: Broadman Press, 1932), p.252.

님의 제3위이신 성령님이 '보혜사' 인 것이다. 그럼에도 불구하고 기독교 역사상 몇몇 이단 교주들이 주장하기를 자신들이야 말로 '보혜사' 라고 주장해 온 것이다. 그들은 마치 자기 자신이 '보혜사' 인 듯 보이려고 한다. 그리고 실제로 빈번하게 자신이야 말로 바로 보혜사라고 선언하기도 한다. 그런데도 수많은 사람들이 그러한 '인간 보혜사들'을 따라가는 것이다. 그것이 바로 '현혹' 이다. 그것은 거짓의 아비에 의한 기만인 것이다.

그렇게 많은 사람들이 어리석게도 인간 보혜사들을 추종하는 첫 번째 이유는 사탄의 현혹이며, 두 번째 이유는 '자신들이 성경을 바르게 배우지 않았다.' 는 것이다. 성경에 대한 바른 해석과 이해가 없는 사람에게 비성경적인 사실을 강조하는 예컨대 인간 보혜사임을 주장하는 교리에 쉽게 넘어가게 되는 것이다. 만약 우리가 '인간 보혜사들'을 추종하고 있다든지 혹은 그 단체에서 하는 집회에 참여하곤 했다면 이제 바른 교리에 근거하여 진로를 결단해야 할 것이다. 그러므로 이단자들의 가르침과 생각보다는 하나님의 말씀과 하나님의 지혜에 더욱 초점을 맞춰야 한다. 어거스틴(Augustine)이 "우리는 복음이 모든 이단들의 토론(heretical discussions)을 초월하는 권위를 가지고 있다고 여긴다. 우리는 피조물의 생각보다 하나님의 지혜의 생각에 더 큰 찬사를 보낸다." 고

---

78) Seung Mi Lee, *The Parakletos in the Godspel of John, Chapters 14-16* (PU Vir CHO, 1982), 30. 여기에서 이승미 박사는 저명한 신약학자 구찌에(Coetzee) 교수의 *Die Prediking van die Evangelie van Johannes*를 인용하면서 '보혜사 성령'에 대하여 설명하고 있다. 즉 주님과 제자들의 고별의 순간에, 우리 주님께서는 제자들에게 위대한 위로자(a great Comforter)로서의 성령을 보내실 것을 말씀하셨다. 사실 Coetzee박사의 표현과 같이 예수 그리스도는 첫 번째 Parakletos이셨는데, 이제 그분이 '다른' Parakletos를 보내시겠다는 것이다. "Jesus as the first Parakletos (Coetzee, 1979, p.28) is leaving now, but he leaves with the purpose of sending another Parakletos. Moreover, the first Parakletos, though physically absent, will remain as Parakletos.

한 것처럼[79] 우리는 인간의 변론 보다는 기록된 하나님의 말씀에 근거해야 한다. 그 말씀은 교회의 역사와 전통 속에서 바른 의미들과 함께 전달되어왔고 정통적인 교회들은 그 말씀에 근거해 있음을 잊지 말아야 하겠다.

Q2. 사도 요한격인 사람이 요즈음도 있을 수 있나요?

어느 연로하신 여성도로부터 받은 상담이었다: "목사님, 세례 요한격인 사람이 요즈음도 있을 수 있나요?" 필자가 강의를 간 어느 지역에서 그렇게 주장하는 이의 집회에 참석하고 왔던 그분의 질문이었다. 요즈음도 '사도요한격' 의 사람이 있을 수 있는가? 이 문제는 정통적인 신학에서는 취급되지 못하는 부적절한 질문이 아닐 수 없다. 왜냐하면 그것은 역사적 교회에서 언급하는 용어가 아니기 때문이다. 개혁주의에서 신앙하는 것은 예수 그리스도를 믿음으로 구원받는다는 것이다. 그것을 우리는 "이신득의(以信得義, Justification by faith)의 교리"라고 한다.

그런데 모 단체에서는 '예수를 믿음으로 구원을 얻는 것이 아니라 사도 요한격인 사명자를 만나야 하며, 사도요한격인 사명자 즉 보혜사[80]의 말씀을 듣고 지켜야만 영생에 이른다.' 는 식으로 가르친 것이다. 단언하

---

79) Augustine, *Reply to Faustus the Manichaean*, XXVI.7, NPNF, Vol. IV, p. 323.
80) 이렇게 가르친 사람은 자신을 사도요한격의 보혜사라고 주장하는데 그가 쓴 책의 표지에서부터 벌써 보혜사라는 명칭을 사용한다. 그리고 이 사도요한격의 대언의 목자를 보는 것이 곧 예수님을 보는 것이라고 가르친다.
81) 롬 1:17 복음에는 하나님의 의가 나타나서 믿음으로 믿음에 이르게 하나니 기록된바 오직 의인은 믿음으로 말미암아 살리라 함과 같으니라. 롬 3:22 곧 예수 그리스도를 믿음으로 말미암아 모든 믿는 자에게 미치는 하나님의 의니 차별이 없느니라.

자면 이러한 사상은 전혀 비성경적이다. 왜냐하면 로마서 1장 17절이나 3장 22절 같은 성경 말씀은[81] 인간이 구원을 받는 것은 어떤 사람들을 추종함으로써가 아니라 하나님의 아들 예수 그리스도를 믿음으로써 가능하다는 사실을 명시하고 있기 때문이다.

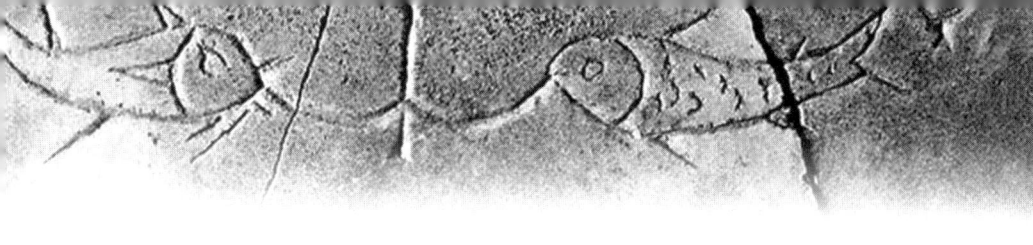

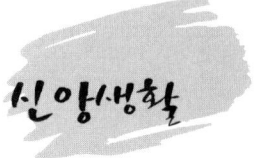

Q1. 기성교회를 아주 많이 비판하는데 괜찮은 단체인가요?

　이단의 대부분은 기성교회에 대한 '부정적인 측면들'을 공격한다. 자신들의 단체나 교리가 정당하다는 것을 옹호하기 위해서 그들은 기성교회들의 잘못들을 드러내어 혹평한다. 그들은 주로 기성교회의 목회자들과 관련된 비리들에 집중한다. 언젠가 필자가 상담한 어떤 경우에는 자신의 가족이 목회자와 관련된 어느 경우를 가지고 기성교회 전체를 공격하려고 한 어떤 사람이 있었다. 그는 자신의 가정 문제라고 했지만 이미 '반기독교 단체'에 그 정보를 전달해 줌으로써 그 단체가 기독교를 공격하는데 도움을 주고 있는 상태였다.
　이와 유사한 예는 얼마든지 많을 수 있다. 그리고 이단 사이비 단체에서 공격하는 부분은 교회의 행정과 운영방식에 관한 것일 수 있다. 예를 들어 당회나 제직회 등의 회집 및 운영 방법 등에 대해 불평을 토로한다. 그런가 하면 기존 교회의 정통 교리들에 대하여 신랄하게 비판하는데, 기존 교회가 잘못 알아 왔고 또 잘못 믿어온 그것을 자신들은 다 바르게 알고 믿고 가르치고 있다는 식의 비난이다.

우리는 이단 사이비 추종자들이 초신자들에게나 아니면 교회의 직분자들에게 다가와서 거의 예외 없이 행하고 있는 부분이 바로 '기성교회에 대한 비난' 이라는 사실을 직시해야 한다. 가령 그들 가운데 어떤 이는 말하기를 "기성교회는 모두 마귀가 만든 교회"라고 주장하는 이가 있는가 하면,[82] 다음과 같이 말하는 이도 있다. "기성교회 성도들은 수년간 교회를 다녀도 구원의 확신이 없고 자신들의 단체에 와야 구원의 확신을 얻어 새 삶을 얻는다." "지금 한국교회는 파선했다. 한국교회 98%이상이 마귀에게 사로잡혔고, 한국교회 90%이상은 싸우고 갈라져서 세운 교회이다." 그들은 이렇게 기성교회를 비난하고 힐난함으로써[83] 자신들을 추종하는 세력들을 규합한다.

물론 교회는 원론적으로 볼 때 '흠이 없고 순결하며 또한 완전' 해야 하는 공동체이다. 그것은 지극히 정상적이고도 이상적인 세계이다. 그러나 그럼에도 불구하고 그렇지만은 못한 것이 현실이다. 왜 그런가? 그것은 교회의 구성원들은 구원을 받았을지라도 아직 완전히 성화되지는 못했기 때문일 것이다. 구원받은 사람은 생활 속에서 점점 그리스도의 모습을 닮아간다. 그것을 우리는 '성화(聖化, Sanctification)' 라고 한다. 그러나 성화되어 가는 데는 지속적인 과정이 필요하다. 그리고 완전히

---

82) 현대종교 편, 『한국의 신흥종교』, p. 178.
83) Neff, *Evaluating cults*, p. 192. 네프도 이 점을 잘 지적했는데 그에 의하면 이단(cult)이란 큰 그룹(a larger group)이 완전히 틀렸다(dead wrong)고 간주하는 작은 그룹(a small group)이라고 한다.

성화되어지는 것을 가리켜 우리는 '영화(Glorification)'라고 한다. 우리는 이 땅 위에서는 영화될 수 없다. 이런 시각에서 볼 때 현실 교회 안에는 구원받아 성화의 도상에 있는 이들 모여 하나의 영적인 집단을 구성하고는 있지만, 그 공동체는 완전하지는 못하다는 것을 짐작할 수 있다.

그렇기 때문에 『웨스트민스터 신앙고백서』 25장 '교회에 대하여' 부분의 5절에서는 다음과 같이 말하고 있다. "지상에서는 가장 순수한 교회라도 불결함과 오착으로 떨어질 수 있는 경향을 지니고 있다. 어떤 교회는 그리스도의 교회가 아니고 사단의 회라고 할 만큼 깊이 타락하였다. 그러나 땅 위에는 언제나 하나님의 뜻을 순종하며 하나님께 예배하는 교회가 있을 것이다." 즉 여기에서 말하고 있는 바는 '가장 순수하다고 생각하는 교회라도' 지상에서는 불결함과 오착으로 떨어질 가능성이 있다는 개연성을 인정하고 있다. 그러나 거기에서 더 나아가 '땅 위에는 언제나 진정으로 예배하는 교회'가 있다는 사실을 명시하고 있다.

그러나 우리들은 이상에서의 설명으로 우리 자신을 위안하거나 자기변명을 하려고 해서는 안 된다. 왜냐하면 그리스도께서는 우리 교회 안에 들어와 있는 신자들이 그에게까지 자라갈 것을 요구하시기 때문이다. 그렇기 때문에 우리 기성교회들도 이단 사이비 주장자들이나 추종자들로부터 비난을 받고 있는 요소들을 개혁해 가야 할 필요가 있다. 교회의 본질 속에는 '계속해서 고쳐 나가야 하는 것'이 포함되어 있다. 개혁교회란 바로 '항상 개혁해가는 교회(eccelessia semper reformanda)'를 의미한다.

동시에 우리든 이단 지도자들이나 추종자들이 기성교회를 혹평한다는 사실을 염두에 두면서, 우리 안에 남아있는 '지나친 비판력'을 절제하는 능력을 길러야 할 필요성이 있다. 비판할 수 있지만 동시에 그것을 절제할 수 있어야 하는 것이다. 성령의 거룩하신 선물들 가운데 하나가 '절제'이다. 스스로 통제하면서 파괴적인 비판으로 나아가지 아니하고, 교회에 덕을 세우는 가운데 어떤 부분이 수정되어질 수 있기를 위하여 기도하고 또한 자신이 할 수 있는 역할을 감당하는 것이 크리스천의 태도이다.

그렇기 때문에 자신의 내면세계에 '파괴적인 비평 능력'이 있다면 그것이 교회에 대하여 불평불만을 토로하면서 신자들을 이끌어가려고 하는 이단자들에게 '이용당하지 않도록' 깨어 있어야 할 것이다. 그리고 그러한 부분들이 성령 안에서 다듬어지고 더 고상한 능력으로 발전되어져 가기를 위하여 기도해야 한다. 나아가서 우리는 우리 주변에 있는 주의 성도들이 그러한 성향들을 통제받도록 도와줘야 할 것이다. 신자의 지성과 감정과 의지력은 성령의 인격적인 지배와 통제력에 의하여 다스림 받을 수 있다. 신앙생활이란 아무렇게나 해도 되는 방종의 삶이 아니라, 하나님의 영에 의하여 다스림을 받는 생활이다(엡 5:18).

Q2. 가계에 저주가 흐른다는 말이 맞나요?

소위 '가계저주론'과 연관된 질문이었다. 가계저주론은 조상의 죄가 후손에게 유전되며 그 죄에 대한 저주도 함께 유전되고 그 같은 유전적인 죄는 죄의 뿌리를 끊지 않으면 그 가계에 계속된다는 견해이다. 이러한 기초 위에서 그들은 예수 그리스도의 이름으로 그 저주를 끊어야 한다고 주장한다. 그들은 심지어 조상의 저주를 끊는 기도문을 가지고 있다. "하나님 아버지, 당신 앞에서 나의 조상의 모든 죄를 고백합니다… 나의 조상의 죄의 결과로부터 나와 나의 후손을 풀어놓아 주옵소서. 사술/비술과 사탄적인 어떤 것과 접촉된 것을 예수의 이름으로 끊어 버리노라. 만약 내가 어떤 '매개 물체'를 갖고 있다면, 나 자신이 그것을 파기할 것을 결심하노라. 사탄이 나와 나의 가정을 공격할 수 있는 사탄의 모든 권한을 박탈하노라… 나는 예수 그리스도의 피의 권세와 사랑과 능력으로 ___의 죄의 대물림을 끊어버리고, 죄로 인한 저주로부터 해방된 것을 선포합니다. 이제 나에게 있는 ___죄는 우리 가계를 침입할 수 있는 법적 권리가 상실되었음을 선포하노라. 예수 그리스도의 보혈의 피를 통해 나와 나의 후손을 모든 속박으로부터 자유케 하심을 감사드립니다."

5대째 할아버지의 유배로 인한 복수의 영이 현재의 모 장로의 가계의 흐른다고 하며, 여교사인 딸이 부도덕한 성관계를 맺은 것은 전에 아버지가 불륜을 저질렀기 때문이라고 한다. 그런가 하면 다윗이 밧세바를 범하는 간음죄를 저지른 것은 그의 가계에 시아버지 유다와 관계한 다말과 창기 라합 같은 조상들이 있었기 때문이라고 한다. 소위 이렇게 조상의 죄가 가계를 타고 유전된다고 하는 견해이다. 정통교회에서도 아담의 죄가 인류 전체에게 전가됨을 믿는다. 즉 인간은 원죄를 지니고 부패한 본성을 가지고 태어난다. 그러나 우리는 어느 목사가 주장하는 것처럼 이전에 조상이 지은 죄들이 그 후손들에게 유전인자와 악한 영들을 통해 전수된다고 하는 것에 동의할 수는 없다.

그러한 견해는 한국교회 주요 보수 교단들 중의 하나인 합신교단에서 "성경의 저주론과는 거리가 먼 악한 사상"이라고 규정된 바 있다. 가계저주론 주장자들이 제시하는 성경구절들도 정확한 근거가 되지 못함은 정훈택 교수에 의하여 지적된 바 있다. 사도행전 7장 51~52절에서 스데반은 "조상의 죄성/불의"가 자손들에게 대물림된다는 것을 말하지 않고 범죄의 유사성을 '…같이'란 단어로 비교하고 있으며, 마태복음 23장 29~32절과 누가복음 11장 48~51절도 죄나 죄성의 대물림을 말하고 있지 않다"고 정교수는 지적한다. 그리고 예수님은 적대자들이 선하게 말하고 선지자들을 죽인 조상들을 비난하지만 그들도 결국은 같은 일을 하고 있음을 지적한 것이며, 베드로전서 1장 18절에서 베드로 사도는 죄성/불의의 유전이 아니라 잘못된 생활방식의 습득에 대하여 말하고 있다고 비판한다.[84]

---

84) 「교회와신앙」 (2003.6.18). "'가계의 복과 저주'는 비성경적 개념이다".

Q3. 부흥회에 참석한 신자들에게 회초리를 사용하는 것은 옳은가요?

모 저명한 목사의 부흥 집회에 참석한 바 있는 어느 교회 사모님으로부터 걸려 온 상담전화였다. 설교자가 은혜 받았다고 하는 대상에게 회초리를 사용하는 문제는 상식적인가라고 하는 내용이었다. 이 질문에 대하여 다양한 답변들이 나올 수 있을 것이다. 집회 현장에서는 은혜스럽게 혹은 분위기에 영향을 받아 그렇게 할 수 있었으나, 집회 후에 혹은 그 집회를 본 이들은 반응을 달리한다는 점이 바로 그것의 정당성에 의혹을 제기한다고 할 수 있을 것이다. 필자는 언젠가 그렇게 실습한 이에게 질문한 적이 있었다. 그때 그는 말하기를 자신이 원해서 회초리를 사용하는 것이 아니라, 설교를 듣고 있던 대상 측에서 먼저 나와서 때려달라고 하기 때문에 어쩔 수 없이 그러노라고 했다. 그러나 그때 필자는 그에게 그렇게 하는 것이 그의 교회에서는 상식적으로 통할지 몰라도 타교회 성도들이 보기에는 납득이 가지 않는 행위라고 한 적이 있었다.

기독교의 집회 시에 체벌을 한다는 점은 중대한 오류를 지니고 있다. 어느 성도가 자신의 잘못을 깨닫고 회개하는 것은 어디까지나 '주님의 존전에서' 하는 것이다. 그것은 그만큼 주님으로부터 직접 사죄 받아야 할 일이지 인간이 가운데 끼어들어야 할 문제가 아니다. 단지 우리의 대제사장이신 그리스도께로 직접 나아가도록 해야 할 것이다(히 9:12, 26; 10: 10).

Q4. 물질적인 축복을 받아야만 축복받은 것인가요?

어느 목사는 청중들을 향하여 계속하여 '심으라.'고 강조한다. '심어야 거둔다.'는 원리를 가르치고 있는 것이다. 물량주의적으로 흐르고 있는 현대문화를 잘 반영하고 있는 가르침인 듯하다. 물론 성도들은 생활 속에서 복음을 위하여 주께 드릴 수 있어야 하며, 이웃들에게 물질로 섬길 수도 있어야 한다. 그러나 복음의 핵심은 물질적으로 심고 거두는 것에 있는 것이 아니다. 복음의 핵심 즉 기독교의 핵심은 잃어진 영혼이 주님께 돌아오는 데 있다. 우리는 과연 영혼의 구원, 영적인 은혜들에 치중하고 있는가? 그렇게 생각할 정도로 영적으로 헌신적인 사람들인가? 현대 크리스천들 중에 많은 사람들은 물질적으로 뿌려서 물질적으로 거두자는 원리에 충실하고 있는 듯한 느낌이다. 그것은 복음의 본질을 왜곡시키는 행위이다. 그러나 신자들은 생활 속에서 일용할 양식을 비롯하여 주 안에서 비전을 이루기 위하여 물질적인 것도 구해야 한다. 그리고 이웃을 위하여 돌아올 그 무엇을 기대하지 말고 나눠줄 수 있어야 한다.

Q5. 이단 시비에 연루된 분이 교계 지도자가 될 수 있나요?

얼마 전 필자는 몇 명의 기독교 신문 기자들로부터 문의 전화를 받은 적이 있는데, 그것은 이설에 연루된 바 있던 모 인사에 대한 상담이자 인터뷰였다. 즉 과거에 이단시비에 휩싸였던 인사가 한국기독교계의 대표적 단체들 중의 하나인 연합회의 장이 될 수 있는가 하는 문제였다. 사실 그러한 질문은 비단 기자들만의 의아심만은 아닐 것이며, 기독교인이라면 누구나가 제기해 볼 수 있는 것이다.

가령 누군가가 잠정적으로 이설을 전파한 적이 있었으나 전적으로 잘못된 것임을 공적으로 밝힌다면, 그리고 그의 이설 주장들 전면 파기해버리고 새롭게 정통신학으로 재교육을 받는다면 적어도 기성교회 내에서 활동할 수 있을 것이다. 그러나 이단시비에 연루된 인사들이 기독교의 대표적인 연합기관의 임원이 되는 일은 기독교 전체에 의하여 배제되어야 할 일이다. 왜냐하면, 그들은 이미 정통신학에 상치되는 이단적 교리들을 주님의 선량한 양무리들에게 가르쳐옴으로써 주님의 교회를 어지럽게 한 자들이기 때문이다. 그리고 설사 이제 더 이상 자신이 과거에 가르치던 교리들을 그대로 가르치지는 않는다고 하더라도 그로부터 배운 성도들 가운데는 아직도 예전에 그가 이설을 전할 때에 받은 감동을 가지고 있을 수 있다. 그렇지 않더라도 당사자 본인들이 스스로 그러한 중임을 맡지 않는 것이 전체 교회를 위한 일이 될 것이다.

Q6. 한 번 이단으로 지목받던 사람은 쉽게 변화될 수 있나요?

대부분의 이단연구가들이 동의하고 있는 사실들 가운데 한 가지는 바로 '이설 연루자' 즉 이단적 교리를 설파한 이들은 '좀처럼 변하지 않는다.'는 사실이다. 그만큼 한 때 이단적 교리들을 가르쳐 온 사람은 거기서 쉽게 빠져 나올 수 없다는 것을 반증하는 표현일 것이다. 물론 이 말은 '전혀 없다.'는 의미는 아님을 독자들도 알고 있을 것이다. 이 문제는 아주 중요한 문제이다. 사실 한국교회 내에서 이단적 교리를 가르치다가 이단 의혹을 사고 이단으로 규정될 정도가 되면, 다수의 이설주장자들의 경우 여러 매체들을 이용하여 혹은 건전한 교단으로 가입을 시도한다든지 아니면 자신이 속한 교단 내에서 회복을 시도함으로써 '이단시비'에서 벗어나려고 한다. 그 과정에서 여러 가지 불합리한 방법들이 사용되기도 하며 각 교단들은 소위 자기 교단 소속의 사람을 보호하기에 안간힘을 다 쓰려고 한다.

그러나 과연 이단 연루자가 그렇게 쉽사리 자신의 견해를 포기할 수 있을까? 필자가 길지 않은 상담기간의 경험들을 통하여 볼 때 그것은 아주 불가능하다고 생각하게 되었다. 어느 교단 노회장을 역임한 분이 과연 이설에 연루된 ○○○목사가 변화되었는지에 대하여 물어왔다. 그 당시 필자는 두 경우를 조사하고 있었기 때문에 특히 한 경우를 염두에 두고 볼 때에, 이설 연루자가 쉽게 변화되어 그가 그동안 주장해오던 이단적 교리들을 버리는 것이 힘들다는 것을 발견하게 되었다. 물론 이것은 필자 개인의 체험의 소산이기도 하지만 그에 상응하는 몇 가지 증거들이 발견되기도 했다.

그러므로 독자들은 한 때 이단시비에 연루된 인물이라면 경계를 놓지 않는 것이 지혜로울 것이다. 메시지를 청취하되 분별력을 가지는 것이 좋을 것이다. 그러나 아주 드물게는 철저하게 개종하는 경우가 있을 수 없다고 할 수는 없을 것이므로 자신이 속한 교단이나 한국기독교총연합회 이단대책위원회의 결의나 한국장로교총연합회 이단대책위원회의 결의 등에 유의해 볼 필요가 있다.

Q7. 교회당에서 예배드리는 것만이 예배인가요?

어느 설교자가 세미나를 통하여 강조했던 부분과 연관된 질문이다. 교회당에 가서 예배드리는 것만이 예배이며, 구역예배와 같이 교회당 밖에서 드려지는 예배는 예배가 아닌가? 아마도 대부분의 기독교인들은 이 질문 자체를 이해하지 못할 것이다. 왜냐하면 이러한 질문은 생소하기 때문이다. 그러나 그는 다음과 같이 주장했다: "마귀가 말씀으로 미혹시켜 왔습니다. 우리 나라에만 있는 수요예배, 금요철야예배, 새벽예배, 심방예배는 예배가 아닙니다. 우리는 절기를 지켜 안식일인 주일에 예배드려야 합니다. 그 외에는 다 모임에 불과합니다. 하나님이 우리와 만나기로 한 그 전에서 예배드려야 참 예배인 것입니다. 하나님은 성전에 계십니다. 그렇기 때문에 하나님 앞에서 예배드려야 합니다. 그렇지 않으면 멸망합니다... 다른 곳에 단을 쌓으면 죄가 됩니다. 아무 데서나 예배드리는 죄입니다... 하나님께서 우리와 만나주시는 장소는 바로 성전입니다."[85]

---

[85] 「교회와이단」(2004.11), pp.60-61.

이처럼 그는 왜곡된 예배관을 가지고 있다. 그의 논의대로라면 폐일 언하고 그는 안식일인 토요일에 예배드려야 했을 것이다. 하나님은 무소부재 즉 어디에나 계신 분이시다. 물론 우리는 공예배 시간들마다 예배드려야 하며, 그 외에도 가정에서, 직장에서, 학교에서도 예배드릴 수 있는 것이다. 그는 교회에서의 예배를 강조하기 위하여 심지어 마태복음 18장에 나오는 "두 세 사람이 내 이름으로 모인 곳"까지도 다른 곳이 아니라 교회(당)이라는 억지 주장을 하고 있는 것이다.[86]

Q8. 세상에서는 마귀가 우리 영혼을 죽이고, 오직 성전(교회당)에 있을 때만 하나님이 우리를 보호해 주시나요?

어느 강사의 주장에 대한 질문이다. "세상에서는 마귀가 우리 영혼을 죽입니다. 오직 성전에 거할 때 하나님께서 우리의 영혼을 책임져주시고 보호해 주실 수 있다는 것입니다." 또 어떤 이설 주장자도 '이 땅 즉 우주를 마귀가 갇혀 있는 음부'라고 한 적이 있는데 그에 의하면 이 음부를 하나님께서 창조하셨다고 했다. 즉 그는 하나님의 선하시며 온전하신 창조를 부인하기 까지 한 경우이다.[87] 이러한 주장들은 철저한 이원론적 사고방식이다. 이러한 생각은 건전하다고 할 수 없다. 이러한 주장에 따라 살려고 하면 사회생활과 일체의 문화적 사명은 감당할 수 없고 다만 교회당 안에서만 살아야 한다는 결론이 나온다. 하나님은 전지전

---

86) 예장합동, 「제90회총회보고서」(2005. 9. 27-30), p. 507.
87) 대한예수교장로회총회(통합) 편, op. cit., p. 119.

능하시며 무소부재하신 분이시다. 하나님은 아니 계신 곳이 없으시다. 바다 끝에 갈지라도 거기도 계시는 분이시다. 게다가 하나님은 신자들에게 이 세상 속에서 빛처럼 소금처럼 살라고 하시고, 이 세상에서 문화적 사명을 수행하라고 명하신 것을[88] 기억할 때에 우리는 그러한 생각에 동의할 수 없다.

Q9. 방언이 가장 귀한 직분인가요?

방언이 가장 귀한 직분이라고 하는데 그런가요? 물론 방언 자체는 '직분'이라고 할 수 없지만, 어느 강사는 그것을 직분이라고 했다. 그의 말에 의하면, "예수 믿은 것 빼놓고는 가장 위대한 직분이 '방언 받는거요'. 나중에 따질 사람은 저한테 말씀가지고 따지십시오."라고 한 것이다. 방언은 직분이 아니라 은사들 중의 하나이다. 그러나 은사라고 할 때도 '방언'은 가장 큰 은사라고 할 수 없다. 왜냐하면 고린도전서 13장 1절에서는 말씀하시기를, "내가 사람의 방언과 천사의 말을 할지라도 사랑이 없으면 소리나는 구리와 울리는 꽹과리가 되고"라고 하셨으며, 13절부터 14장 22절까지에는 그 중에 제일은 사랑이라고 하시면서, 사랑을 따라 구하라 신령한 것을 사모하되 특별히 예언을 하려고 하라. 방언을

---

88) 최병규, op. cit., pp.94-96. '극단적 이원론' 부분을 참조할 것. 하나님은 성도들에게 두 가지의 대 사명 즉 명령을 주셨다. 그것은 창1:27-28절에서 요구하고 있는 '문화명령'(文化命令, Cultural Mandate)과 마 28장에 기록되어져 있는 '전도명령'(傳道命令, The Great Commission)이다. 이 두 가지의 명령을 조화롭게 수행해 가야 할 사명이 성도들에게 주어져 있다. Cf. D. L. Roper, *A Christian Philosophy of Culture* (Potchefstroom: Pro Rege, 1982), 19; Rousas J. Rushdoon, *The Biblical Philosophy of History* (Nutley, New Jersey: Presbyterian and Reformed Publishing Co., 1969), p. 141 ; 이근삼, 『개혁주의 신앙과 문화』 (영문, 1991), p. 138.

말하는 자는 사람에게 하지 아니하고 하나님께 하나니..."라고 말씀하고 계시기 때문이다.

Q10. 주의 종은 '생사여탈권'을 가지고 있나요?

근래에도 어느 목사가 성도들의 생명을 주고 빼앗을 수 있다는 취지의 생사여탈권 문제를 언급했다가 그것이 자신의 잘못된 주장이라고 시인한 바 있다. 그런데 생사여탈권 주장을 하고 있는 또 다른 사람들도 있다. 필자가 녹취한 어느 여성의 경우에도 '주의 종들에게는 생사여탈권이 있어요.'라고 주장했다. 주의 종이란 무엇인가? 목회자들을 의미하는 것이다. 목회자들은 과연 생사여탈권을 가지고 있는가? 그것은 하나님의 권한이 아닌가! 그럼에도 불구하고 그렇게 주장하는 것은 이설이라고 할 수 있다. 목사에게 아무리 영권이 있어도 그러한 표현을 할 수도 또 하면 되지 않는다. 영력이 있을수록 더욱 자신의 부족을 주님 앞에 내놓고 주의 능력으로 채움받아야 할 존재이기 때문이다.

Q11. 다른 기성교회로 옮기려고 하니까 저주성 발언을 하더군요. 그렇게 말하는 그분들이 이상하지 않나요?

모 지역 H교단의 성도로부터 받은 상담이었는데, 동생이 미국 어느 지역에서 Y 목사가 시무하는 교회에 출석하다가 교회를 옮기려 하니까 저주성 발언까지 하더라는 내용이었다. 기성교회를 비판하면서 자신들만이 살아있는 교회라고 했다는 것이다. 그것은 흔히 잘 알려진 구원받은 일시를 강조하고 한 번 회개한 사람은 다시는 자범죄에 대하여 회개할 필요가 없다고 주장하는 이단과 관련된 듯했다.

기성교회를 저주하고 자신의 교회만이 살아있다고 하는 그 자체가 다분히 이단적인 주장이라고 할 수 있다. 이단들 중 거의 대부분이 이렇게 외치고 있음은 이미 알려진 것이다. 물론 기성교회에도 부분적으로 결함이 있을 수는 있다. 왜냐하면 완전히 영화된 존재들만이 있는 곳이 아니기 때문이다. 그러나 주님께서는 기성교회들을 통하여 역사하신다. 그 교회가 바른 교리적 기초에 서서 복음을 증거하고 주님을 위하여 헌신하고 있다면 그 교회는 살아 있는 교회이다. 어느 한 특정한 교회만이 살아있는 교회라고 주장하는 것은 옳지 못하다. 기성교회를 부인하고 그렇게 주장하는 대부분의 독선적인 단체들은 그렇지 않을 수도 혹 있을 수 있는지는 모르지만 이단적 요소를 가지고 있을 것이다.

Q12. 영혼 결혼식은 있을 수 있나요?

어느 교회에서 타 교파 출신의 강사가 와서 영혼결혼식을 시켰다는 말을 들었다. 그것을 접한 이가 메일을 보내오기도 했다. 그래서 필자가 그것을 집례한 이를 수소문해서 확인해 본 결과 자신은 영혼결혼식을 시킨 것이 아니라 그리스도 안에서 하나이므로 영적으로도 하나가 된 것을 느껴보기 위하여 한 번 영적으로 결혼하는 식을 해보자고 했다는 것이다. 이것은 그다지 흔하지 않은 실습이지만, 전혀 장려할 만한 일이 아니다. 성경에서 요구하고 있지도 않는 것을 실습하는 것은 기독교를 해하는 것이다. 성도는 그리스도의 신부이다. 성도들끼리 하나가 되는 체험을 해 보기 위하여 소위 영혼결혼식을 행한다는 것은 전혀 비성경적인 실습이므로 금해야 할 것이다. 이것과 꼭 같지는 않지만 소위 영성훈련 프로그램들에서 비밀리에 가지고 있는 일치 의식들은 배제되어야 할 것들이다. 그것들은 인위적 조작일 가능성이 높기 때문이다. 성도는 그리스도에게 가까이 감으로써 그분의 성령에 의하여 충일하게 됨으로써 타인을 사랑하게 되고 일치하게 되어 있다. 이러한 영적인 단계들에 초점을 맞추지 않고 인위적인 조작과 연습을 통하여 영성을 발전시킨다고 하는 것은 언제나 한계를 지닐 뿐이다.

Q13. '다락방'은 다 같은 다락방인가요?

어느 목사님으로부터 걸려온 전화였다. 자신의 가족 중 누군가가 대한예수교장로회 소속 모 교회에서 '다락방'이라는 용어를 사용하는 교회에 출석한다는 것이었다. 아마도 그분은 이단 시비에 연루된 다락방을 염두에 두고 계셨기 때문일 것이다. 그때 필자는 그분께 그러면 그 교회가 어느 교단인지 알아보시고, 또 그 다락방에서 어떤 내용을 가르치고 있는지를 알아보신 후에 연락해 달라고 했다. '다락방'이라고 하는 용어는 기성교회에서도 구역예배 개념으로 사용하는 곳들도 많다. 사실 그 용어 자체는 얼마나 아름다운 낱말인가. 초대교회의 순수했던 성도들의 믿음이 다락방에서 불붙게 된 것이 아니었던가. 그러나 일부 불건전한 운동들에 의해서 부각된 용어이기 때문에 터부시하는 것이다. 일부 이단에서도 다락방이라는 용어를 사용하기도 했다.

Q1. 물이나 밀가루로 병을 치료하는 것은 건전한가요?

어떤 이는 주장하기를 하나님께서 자신에게 직접 "우물을 파라."고 하는 음성을 주셔서 자신의 기도원에서는 능력의 생수를 얻게 되었다고 했다. 그리고 그 물을 음용함으로 회개의 영이 들어가서 구원을 받게 된다고 한 것이다.[89] 그러한 경우 물이라는 것은 구원의 조건이 되어 있었다.[90] 또 어떤 이는 출애굽기 15:23~25절의 말씀을 인용하면서 특정지역에서 가져온 '단물'이 폐사직전의 병자를 치료했다든가 아니면 그것을 바른 이들의 쌍꺼풀이 예쁘게 되었다는 식으로 선전했다. 또 어떤 경우는 '밀가루'로 치유하려고 한 이도 있었다. 소위 밀가루 안수와 관련된 문제였다.

---

89) 대한예수교장로회총회(통합) 편, op. cit., pp.160-161. 통합교단은 이 부분과 관련하여 다음과 같은 연구결론을 내린 바 있다: "생수가 큰 능력이나 가지고 있는 것처럼 생수의 효과를 지나치게 극대화함으로써 성도들을 현혹하고 있다. 이는 성도들로 하여금 보이지 않는 하나님을 믿고 의지하게 하기 보다 눈에 보이는 현상적이고 물리적인 생수에 의지하여 바른신앙에서 이탈하게 할 큰 위험성이 있다."
90) 한기총, op. cit., p. 21.

이러한 '가시적 물질을 이용한 치유 역사'를 주장하고 실습하는 이들은 종종 있어왔고 앞으로도 등장할 가능성이 있다. 이와 같은 가시적 물질을 매개체로 치유 집회를 하는 것은 성도들로 하여금 보이지 아니한 하나님을 믿고 의지하게 하기보다 눈에 보이는 현상적이고 물리적인 것들을 의지하게 하므로 바른 신앙에서 이탈할 큰 위험성이 있다는 것을 알아야 한다.[91]

우리가 알아야 할 것은 그러한 보이는 것들은 질병 치유 즉 신유의 본질과는 무관하다는 것이다. '신유(信癒, faith-healing)'이란 그야말로 거룩하신 하나님을 신앙할 때에 하나님으로부터 오는 치료인 것이다. 전능하신 하나님께서는 그분의 성령의 역사를 통하여 역사하시지, 눈앞에 보이는 가시적인 것들에 의존하지 않으신다. 믿음의 기도에 응답하시는 것은 오직 하나님의 뜻에 달려있다. 그러므로 성도들은 믿음의 형제들에게 기도를 부탁할 뿐만 아니라 무엇보다도 먼저 고쳐주시는 하나님께 간절히 기도해야 할 것이다. 자신을 살피고 하나님 앞에서 낮추며 겸손히 하나님의 능력을 구할 때에 역사하시면 치병의 역사 즉 신유의 역사가 나타나는 것이다.

---

91) Ibid., p. 24.

Q2. 안수기도를 받으라고 하는데 그렇게 해도 되나요?

유한한 인간이 자신의 힘으로 더 이상 어떻게 할 수 없는 위기상황에 봉착하게 될 때, 특히 극심한 질병의 고통 속에서 사경을 헤매게 될 때 주의 종들을 통하여 안수기도를 받기 원하는 심정은 일면 이해가 되기도 한다. 물론 신학적으로 보수적인 성향을 띤 교단들에서는 안수기도를 교역자나 장로 혹은 장립집사 등을 안수할 경우에만 국한시키기도 했다. 그럼에도 불구하고 근래에 들어와서는 목회 일선에 있는 교역자들은 임상적 필요를 고려하여 허용하고 있다.

필자가 속한 교단의 기관지인 「기독교보」는 교단내 목회자들의 안수 안찰에 대한 입장을 묻는 설문조사를 시행한 바 있다.[92] 고신교단은 1978년경부터 안수문제를 임직관련 외에는 제한해오다가 최근 들어 일선 목회자들의 고충을 헤아려 안수는 성경대로 하되 건덕을 세우는 입장에서 가능하다고 결의한 바 있었다. 이 분석에 의하면 목회자들은 대체적으로 안수기도의 필요성은 느끼고 있지만 자제하고 있는 것으로 나타났다. 그들 가운데 66%는 목회현장에서 안수기도의 필요성을 느끼고 있다고 답을 한 반면 실제로 안수를 행하는 목회자는 47%였고, 과반수를 넘는 54%는 행하지 않는 것으로 밝혀졌다.

안수를 할 때 요구되는 태도에 대하여는 경솔하거나 부덕하게 해서는 안 되며 공개적인 장소에서 공적인 시간에 행하는 안수에 대해서는 대체적으로 긍정한 것 같다. 고신교단의 제50회 총회 결의 가운데는 담

---
92) 「기독교보」(2004. 2).

임목사가 융통성을 가지고 집행할 수 있어야 하며, 만약 건덕상 어떤 윤리적 도덕적, 교리적 문제가 발생하면 시벌할 수 있다는 단서를 붙이고 있다. 필자도 그것이 '성경대로 하되 건덕을 세우는 범위 내에서' 는 가능하다고 생각한다.

Q3. 안찰기도를 받아도 될까요?

우리가 안수에 관하여 논할 때 불가피하게 살펴봐야 하는 것은 바로 '안찰' 행위이다. 흔히들 안찰이라는 말은 성경에 없는 것으로 알고 있다. 물론 '안찰기도' 라고 하는 의미에서의 안찰이라는 용어는 없지만, 성경에는 '안찰' 이라고 하는 낱말이 등장한다. 왕하 13:14-20에 보면 엘리사가 왕의 손을 "안찰하고"라는 표현이 등장한다. 즉 엘리사가 죽을병이 들자 이스라엘 왕 요아스가 엘리사를 방문했을 때, 엘리사는 활을 잡은 요아스의 손을 자신의 손으로 안찰했다. 그래서 어떤 이들은 이 성경 구절을 들어 안찰기도의 근거로 제시하려고 한다.

그러나 중요한 사실은 이 본문에서 말하고 있는 '안찰' 이라고 하는 용어는 '안찰기도' 를 의미하는 것이 아니라는 사실이다. '안찰하고' 라는 말은 히브리어 성경 본문에서는 '와야셈' 이라는 말이다. 이 말은 "그리고"라는 뜻을 지닌 접속사 '와' 라는 말과 '수-ㅁ' 이라는 동사의 칼(Qal)형태 미완료 시제의 '야셈' 이라는 말이 결합되어 있는 것이다. 그러면 여기에서 우리의 관심을 끌고 있는 단어는 바로 이 '수-ㅁ' 이라는 말이다. 이 뜻을 한국어 번역 ' 안찰 '이라는 말을 연상시켜 볼 때에는 그 말이 '두드리다' 는 뜻인 것 같지만, 히브리어 단어 그 자체가 미완료형태의 동사시제에서 의미하는 바는 '~을 놓다, 얹다, 두다' 는 뜻이 지배적이다. 그러므로 엘리사가 자신의 손으로 왕의 손을 안찰했다는 말은 왕의 손위에 자신의 손을 얹었다는 뜻으로 보는 것이 자연스럽다. 사실 권위있는 주석인 카일 델리취(Keil-Delitzsch) 주석의 영역본에서도 이 낱말은 '~을 얹다, 두다(to place)' 의 의미로 번역되었다. 그러므로 우리는 이 구절을 안찰기도의 근거로 삼는 잘못을 저지르지 않아야 하겠다.

우리는 주변에서 안수를 시행하다가 간혹 안찰행위로 발전하게 되는 경우들을 전해 듣는다. 가령 목 부위를 주무르는 형식의 안찰행위를 통하여 인명을 살해하게 되는가 하면 복부 부위를 계속해서 때리다가 늑골이 부러져 죽게 하는 경우 등등의 구타형식의 안수가 바로 그러한 실례이다. 귀신을 쫓아낸다며 발로 밟아서 초등생을 사망하게 한 경우도 있으며, 남편을 허리띠 등으로 묶은 후에 목을 눌러 숨지게 하는 경우 등 불건전한 안수행위 즉 안찰행위로써 인명의 손상을 가져온 경우는 이 외에도 허다하다. 그러므로 덕을 세우는 건전한 범주 내에서 안수는 받을 수 있다고 하더라도, 안찰은 삼가는 것이 좋다고 생각한다.

Q4. 눈을 찌르는 기도는 건전한가요?

병들었을 때나 귀신들린 경우에 한 번쯤은 눈을 찌르며 기도하는 경우를 경험한 성도들이 있을 것이다. 심하게 내려치면서 하는 안찰과 그 맥을 같이 한다고 필자는 생각한다. 대표적인 경우는 과거의 L씨에게서 찾아 볼 수 있는데 그는 방언과 통역을 통하여 예언을 하고 병을 진단하며, 두 손가락으로 두 눈을 찌르는 안수를 했다. 그러한 식의 안수를 통하여 불이 들어가서 모든 것을 소멸하고 욕심과 죄악을 터뜨린다는 것이었다. 결국 L씨의 경우 진단은 전문의에 의해 거짓된 것임으로 밝혀진 바 있다.[93] 문제는 인간의 능력에 호소하기 때문에 인간이 사용하는 '양식'에 치중하는 듯하다. 우리가 병든 교우들이나 심약하거나 정신질환을 앓고 있는 성도들을 위하여 진정으로 하나님의 역사를 구한다면, 상식적인 태도를 벗어나지 않아야 할 것이다. 신유의 역사를 구하는 성도는 가령 그 대상자가 치유 받는 역사를 경험한 후에라도 그 마음에 치유 당시의 행위로 인하여 상처가 남지 않도록 할 수도 있어야 할 것이다.

---

93) 대한예수교장로회총회(통합) 편, op. cit., pp. 163-164.

신학

Q1. 무료로 기타를 가르쳐 준다고 합니다.

어느 남자 집사님으로부터 걸려온 전화였다. 자신의 아들이 무료로 기타를 배우고 있는데 아무래도 이상하다는 것이었다. 물론 우리 주변에는 무료로 악기나 공부 등을 가르칠 수 있다. 그러나 그분의 전화에 의하면 그것이 단순히 자애로운 것이 아니라 이단과 연관되어 있는 듯하다는 것이었다. 필자도 그 무엇이라고 단정 지어 말할 수 없는 경우였다. 그러나 최근 이단들이 문화적으로 포교하는 전략을 행하고 있음을 알려주었다. 성도들이나 성도의 자녀들은 형편이 어려워 무료로 배울 수 있으면 좋은 기회라고 생각할 수 있다. 그러나 기독교인은 '무료'로 배울 수 있다고 할 때, 과연 그것이 순수한 의미에서 무료로 가르친다는 것일까 반문해봐야 한다. 가능한 한 일정한 비용을 내고 정통적이고 올바른 곳으로부터 배워야 오래 동안 배울 수 있고 정확하게 배울 수 있는 것도 염두해두어야 한다.

Q2. 교회나 정통 신학교 이외의 장소나 선교회 등에서 성경을 배우는 것은 어떤가요?

이렇게 문의해오는 상담의 대부분은 무료로 성경을 가르쳐주는 신학원과 관련된 질문이다. 어느 남자 성도의 경우 주변에 아는 분 중에 '교역자 선교회'라고 하는 곳에서 성경을 배우고 있다고 했다. 여러 이단들은 '선교' 혹은 '선교사'라는 단어가 들어간 단체명을 가지고 있기도 하다. 그런가하면 '장로교' 같은 간판을 내걸기도 한다. 그래야만 그들이 순수한 성도들의 관심을 의심없이 받을 수 있기 때문이다. 성경 공부를 좀 더 구체적이고 체계적으로 해보기 원하는 평신도들에게 '~ 신학원' 같은 곳에서 무료로 성경을 가르쳐준다는 것은 정말 매력 있는 것이다. 이단들이 성경을 가르쳐준다는 것을 모르고 있는 소박한 성도들은 그러한 제의가 들어왔을 때 자연스럽게 넘어가게 되어 있다. 그러므로 각 교회의 교역자들은 평소에서 설교나 성경공부를 통하여 직간접적으로 이 부분에 대하여 숙지시켜 놓아야 한다.

Q3. 목회자가 없이 모인 사람 가운데 누군가가 설교를 한다는데 거기 가도 괜찮은가요?

　D지역 보수 교단 교회에 다니는 성도로부터 온 전화였다. 물론 교역자가 없는 교회에서는 장로나 평신도 가운데 누군가가 예배를 인도할 수밖에 없는 교회도 있을 것이다. 그러나 그렇게 힘든 가운데도 한 번씩은 주변에 있는 기성교회의 목사님이나 전도사님께 부탁드려서 주일 오후 예배에라도 오셔서 말씀을 전해주실 것을 부탁할 수도 있을 것이다. 그런데 이러한 경우와는 달리 이단으로 규정된 어떤 단체에서는 목사의 권위자체를 부정하여 평신도들 가운데서 간증 형식의 말씀 증거를 하도록 하는 곳들도 있다. 역사적으로 볼 때 정통적인 기독교 교단들은 '정규 신학교'를 가지고 있으며, 최근에 와서는 '신학대학원' 혹은 '신학대학원대학교' 형식의 학교명을 사용하고 있다. 물론 이단이나 타종파에서도 '대학원대학교' 체제를 가지고 있기도 하다. 그러므로 성도들은 그 단체가 목사라는 말을 사용하지 않고 '형제', '자매'라는 용어만을 사용하며 평신도들이 돌아가면서 설교하는 단체는 일단 경계하고, 담임목사님과 상의하는 것이 좋을 것이다.

Q4. 신학자들이 뭘아나는 식으로 설교하고 있어요. 그런 목사의 설교를 계속 들어야 하나요?

몇몇 사람들이 소위 신학자들의 권위를 무시하는 발언을 하고 있다. 일반 목회자들 가운데도 부흥사들 가운데도 소수가 그러한 발언을 하고 있다. "신학자들이 뭘 안다고"라는 식이다. 물론 신학교수들이 목회현장 경험은 좀 덜할지 모른다. 그러나 대부분의 신학교의 교수들은 목회경력이 몇 년 이상 되는 분들을 교수로 선발하고 있는 것으로 안다.

여기서 우리가 반문해봐야 할 사항이 있다. 우리가 신학과 신학자를 경시한다면 주님의 교회가 든든히 서 갈 수 있을까? 신학자들을 무시한다면 세상 가운데서 기독교 문화를 위한 노력을 정말이지 건강하게 해 나갈 수 있을까? 이러한 다차원적인 질문을 던질 때 우리가 깨닫게 되는 것은 무엇인가? 우리에게는 학문이 필요하며 신학이 필요하며 신학교 교수들이 필요하다는 사실이다.

교회는 성경말씀과 신앙고백서들과 교리서들과 신학을 필요로 한다. 가령 신앙고백서들과 교리서들은 주로 누가 만들었는가? 그것들 역시 대부분이 신학자들에 의하여 만들어진 것 아닌가? 일반 목회자들과 부흥사들 가운데 소수가 신학자를 경시하는 듯한 발언을 하는 것을 들을 때에 마음이 아프다. 우리는 성경을 소중히 여긴다. 우리는 신학자들을 소중히 여긴다. 그들의 수고와 노력에 의하여 교회는 점점 더 보호받고 목회자들이 양성된다는 사실을 잊지 말아야 할 것이다.

Q5. 사도신경을 고백하지 않으면, 이단이라고 할 수 있나요?

이 상담은 미주 어느 교회에서 상담을 요청해 온 경우이다. 사도신경을 하지 않는 교회는 이단인가를 물어 왔다. 사도신경이란 무엇인가? 사도신경은 A.D. 170~180년 사이에 로마에서 사용되던 로마신경의 증보판이라고 할 수 있다. 바울의 로마서를 수신한 로마교회는 수세를 위한 교리문답 내지는 초신자들을 위한 교리문답으로서 '로마신경(Symbolum Romanum)'을 사용한 것으로 알려지는데 그 내용은 다음과 같다:

"당신은 전능하신 하나님 아버지를 믿습니까? 당신은 예수 그리스도께서 하나님의 아들이심을 믿습니까? 당신은 예수 그리스도께서 성령의 능력으로 동정녀 마리아의 몸에서 나셨고, 본디오 빌라도에 의하여 십자가에 달려 죽으셨으며, 삼 일 후에 죽은 자들 가운데서 부활하셨고, 하늘에 오르사 하나님 우편에 앉아 계시다가 장차 산 자들과 죽은 자들을 심판하러 오실 것을 믿습니까? 당신은 거룩한 교회를 믿습니까? 그리고 당신은 육체의 부활을 믿습니까?"

이러한 로마신경이 좀 더 구체화된 것이 사도신경이다. 사도신경에는 기독교의 핵심적인 교리가 다 포함되어 있다. 그러므로 정통교회들은 공 예배시에 사도신경을 고백하는 것이다. 위 상담건은 사도신경을 하지 않는 교회가 이단이 아닌가 하는 것이었다. 사도신경을 좀처럼 고백하지 않더라도 건전한 교파일 수도 있을 것이다. 그러나 건전하지 않은 단체이기 때문에 사도신경을 고백하지 않을 수 있는 문제이므로, 내담자가 알고 있는 그 단체에서 또 달리 주장하는 이상한 점이 없느냐고 확인할 것을 요구했다.

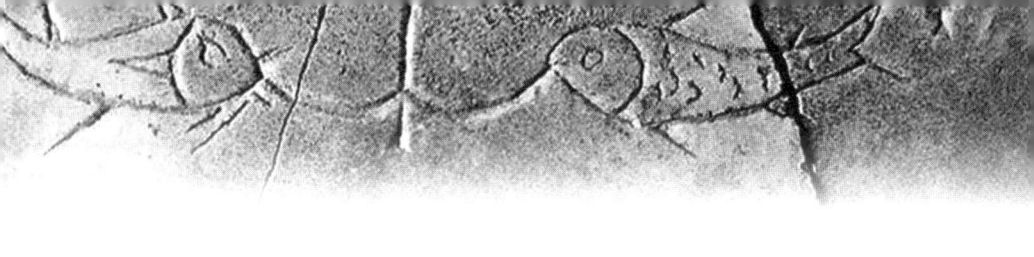

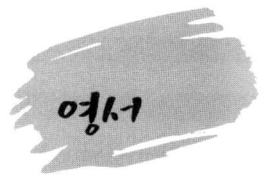

Q1. 영서라는 것이 성경적인가요?

영서란 직통계시에 의하여 글을 쓴다는 것이다. 영서 쓰는 것을 연습하라고 가르치는 이들도 있었다. 예언과 방언이 영서를 통해 나간다고 가르치고 권장하는 영성훈련이 있었다는 것은 알려진 사실이다.

영서를 주장하는 이들이 제시하고 있는 근거는 요한복음 8장에 간음현장에서 체포되어 예수님께로 끌려온 여자 사건이고, 또 다른 대표적인 근거는 다니엘서의 '메네 메네 데겔 우바르신' 사건이다. 요한복음 8장 사건의 경우 그 여인을 끌고 온 이들이 "모세는 율법에 이러한 여자를 돌로 치라 명하였거니와 선생은 어떻게 말하겠나이까"라고 질문했을 때, 예수께서 몸을 굽히사 손가락으로 땅에 쓰셨는데 그들은 그 사실을 가리켜 예수님이 영서를 쓰신 근거로 제시하고 있다. 그러나 영서라는 것은 은사들이 열거되어 있는 그 어느 항목들에도 들어가 있지 않다.

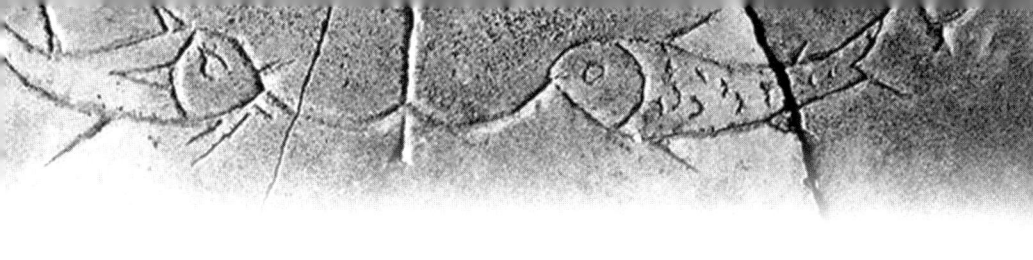

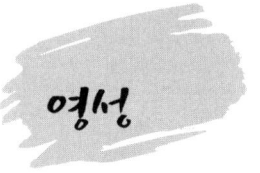

Q1. 영성이라는 말을 많이 듣게 되는데, 영성이라는 것이 무엇인가요?

　영성(靈性, spirituality)이란 단어가 사용되기 시작한 것은 그다지 오래 되지 않다. 이 단어는 본래 프랑스어에서 온 것으로서 천주교적인 배경을 지니고 있다. 오늘날 교회 내에서도 많이 사용되기도 하지만 이 단어 자체를 간단명료하게 설명하기란 쉽지 않다. 왜냐하면 이 단어 자체가 모호성을 지니기 때문이다. 변종길 교수는 영성에 대하여 잘 정의하고 있는데, 영성은 하나님을 만남에 있어서 마음의 내적 구원 체험뿐만 아니라 성향이나 행동에 있어서 전체적인 삶의 분위기를 포함하므로, 개혁주의 영성이란 전체 생활 방식(way of life) 즉 전체 문화생활과 관계된다고 지적한 바 있다.[94] 변 교수는 여기에서 영성이라는 단어 자체가 모

---

94) 변종길, "화란 개혁 교회의 영성과 경건," 성경신학회 발표 논문(2000. 8. 21. 사랑의 교회)

호한 개념이며 카톨릭적 배경을 지니고 있기 때문에 개혁주의적 입장에서 합당치 않은 용어임에는 분명하지만 빈번하게 사용되고 있으므로 "개혁주의적 영성"이라는 용어를 사용하기도 한다. 그러나 그는 '영성'이라는 용어보다 '경건'(pietas)이라는 용어를 선호하고 있는데, 그것은 종교개혁자들이 오늘날의 '영성'과 비슷한 용어였던 중세의 '헌신'(devotio)이라고 하는 단어를 '경건'(pietas)이라는 용어로 대체해서 사용했기 때문이라고 한다.

그러므로 우리들은 영성이라는 단어를 사용할 수밖에 없는 형편에 처해 있긴 하지만, 그것이 전혀 생소한 현대적 개념이 아니라 교회 역사의 초기부터 있어왔고 종교개혁기의 경건한 신학자들에 의하여 '경건'이라는 용어로 이해되어온 것임을 인식할 필요가 있겠다. 이러한 측면에서 볼 때, 일부 불건전한 영성훈련원 같은 곳에서 훈련을 통하여 인위적으로 조작하려고 하는 영성이 아니라, 성령 안에서 하나님께 나아감으로써 자신의 삶의 전 영역이 새로워지는 그러한 영성을 추구해야 할 것이다.

Q2. 인간이 인간의 영적 단계를 판단할 수 있나요?

어느 자매님이 요청해 온 상담이었다. 그가 출석하는 교회의 여러 교인들이 소위 영성훈련원에 연루되어 있는데, 그곳에서는 영적인 단계를

---

95) 한기총, op. cit., p. 151. 영적 단계를 판단하는 것과 관련된 각 교단의 규정들은 다음과 같다: 합동(2000/비성경적인 영성사상, 교류금지), 합신(2001/위험한 신비주의, 참석금지)

판단해 준다는 것이다.[95] 기도 시에 방언으로 크게 기도하고 직통계시를 받았다고 전해 주더라는 것이다. 그래서 그들을 어떻게 도울 수 있겠느냐고 문의해 온 상담이었다.

인간이 인간의 영적 단계를 판단할 수 있는가? 얼굴만 보고도 사진만 보고도 영적 단계를 판단할 수 있다는 주장은 과연 건전한가? 그럴 수 없다. 왜냐하면 우리 인간의 신앙은 일차적으로 주님에 의하여 평가되어지는 것이기 때문이다. 그것은 인간에 의하여 판단되어질 것이 아니다. 교회에서 누군가를 직분자로 세우려고 할 때 여러 가지 조건들을 가지고 신앙 유무를 파악하곤 하지만, 엄격히 말하자면 우리의 신앙은 오직 주님에 의해서만 그 실체가 파악될 수 있다. 왜냐하면 주님만이 우리 믿음의 시작자요 완성자이시기 때문이다. 히브리서 12장 2절에서는 "믿음의 주요 또 온전케 하시는 이인 예수를 바라보자"고 말씀하고 있음을 기억해야 할 것이다.

Q3. 설교 들을 때에 입을 벌리고 있어야 하나요?

연세가 든 남자 성도를 상담한 경우이다. 그가 다녀온 기도원에서는 성령의 불을 받아먹어야 하기 때문에 입을 벌리고 말씀을 받는 흉내를 낸다고 한다. 이것은 극단적인 신비주의 유형이 아닐 수 없다. 지금은 그 단체를 일부 교단에서 이단으로 규정하는 가운데 있다. 신비주의는 하나님의 말씀을 통해 은혜를 받으려 하기 보다는 자기 자신의 감정에 치우쳐 그 무엇을 추구하려고 한다. 은혜를 추구하기 위한 말씀과 기도의 생활보다는 주관적이며 감정적인 성향의 사람들이 그곳으로 모여들 것은 분명하다. 성도는 성령의 불을 받아먹기 위하여 육신의 입을 할딱거리며 벌리기보다는 주님 앞에 자신의 죄악을 진실 되게 내어 놓고 말씀을 읽는 가운데 성령의 은혜를 주시기를 겸손하게 간구하여야 한다. 성령께서 역사해주시고 충만케 하여 주시기를 구하는 태도가 올바르다.

Q4. 하나님이 저에게 개인적인 계시를 주셨는데요. 어떻게 생각하세요?

어느 청년으로부터 전화가 왔다. 꿈속에서 계시를 받게 되며, 자신에게 '장차 큰일을 할 것'이라고 말씀하신다 한다. 이러한 유형을 직통계시라고 할 수는 없다고 하더라도 위험성이 내포되어 있다. 물론 주님께서는 때로는 개인에게 어떤 표시를 전달하실 수 있다. 그러나 그 청년에게는 꿈 속 계시가 빈번하게 이뤄지는 듯 했다. 그래서 필자는 그에게 조언하기를, 그것이 개인에게 주시는 하나님의 뜻으로 생각할 수는 있겠지만 그것을 타인들에게 객관화 혹은 절대화시키는 것은 바람직하지 않다고 했다. 소위 기도를 많이 한다고 하는 사람들, 꿈속에서 계시를 자주 본다고 하는 사람들이 신비주의로 흘러가게 되고, 현재의 이단자들 가운데 다수로 그러한 꿈 속 계시를 자신들의 근거로 삼고 있기 때문이다. 오히려 꿈이나 이상 같은 것을 통하는 것 보다 '기록된 하나님의 말씀인 성경'을 통하여 주님의 뜻을 추구하고, 그 말씀에 근거하여 기도하면서 주님의 응답을 기다리는 것이 신앙인의 바른 자세일 것이다.

Q5. 성령이 임하시면 뒤로 넘어지나요? 성령 임재의 바른 이해는 무엇인가요?

성령체험과 관련된 문제이다. 성령이 임하시면 뒤로 넘어지는가? 이것은 소위 '빈야드 계통'에서 추구하는 것이다.[96] 빈야드 계통의 어느 지도자는 신도들과 기도하고 있을 때 갑자기 머리 위에서 물이 흐르는 것 같아 눈을 떠보니 실제로 머리 윗부분이 젖어 있음을 확인했다고 하며, 그때 그와 함께 있던 신도들은 기드온의 양털의 이슬이냐며 놀라 묻기도 하고, 기도하던 사람들이 갑자기 뒤로 쓰러지더라고 했다.

그들은 '넘어지는 현상'(쓰러지는 현상)을 성령께서 권능으로 임하실 때 그 사람의 육적인 것을 결박시킴으로써 일어나는 것이라고 마태복음 12장 29절을 제시한다. 그러나 29절 자체는 '쓰러짐 현상'과 무관하다. 만일 그랬다면 29절 전후의 문맥에서 그 사실을 언급했을 것이다. 사실 그들이 '쓰러짐 현상'을 언급하기 원했을 때는 22절의 말씀과 연관 지었어야 했을 것이다. 22절에는 "그때에 귀신들려 눈 멀고 벙어리 된 자를 데리고 왔거늘 예수께서 고쳐 주시매 그 벙어리가 말하며 보게 된

---

[96] 교단적으로 볼 때 특히 예장통합에서 1991년 제81회 총회 시에 '빈야드운동'에 대하여 규정한 바 있다. 당시 연구 결론은 다음과 같다: "빈야드 운동은 성령과 그 사역에 대한 이해가 치우쳐 있고, 거룩한 웃음, 떨림, 쓰러짐, 짐승 소리 등을 정당화하기 위한 그들의 성경 해석은 올바르지 않으며 또한 무질서한 예배도 바람직하지 않다. 그러므로 본 교단 소속 목회자들과 교인들은 빈야드 형식의 예배를 무분별하게 도입하여 들이는 일이 없어야 할 것이며, 이 운동에 참여하는 것을 삼가야 할 것으로 사료된다."

지라"고 기록하고 계시다. 여기에서 보듯이 본문은 쓰러짐 현상에 대해서는 아무런 증거를 보이고 있지 않다. 단지 "예수께서 고쳐 주시매"라고 되어 있다. '고쳐주시매'라는 말은 '에데라퓨센'이라는 말로서 "고쳐주다(to heal, to cure, to restore to health)"를 의미하는 '데라퓨오(영. therapy 요법. 치료)'라는 동사의 과거 능동태 직설법 형태이다. 이 동사 자체가 고쳐주심에 있어서 어떠한 외형적 변화를 내포하고 있다고 생각할 수 없다. 즉 그들은 이 본문에서 볼 때 성경적 근거를 확보하지 못한다고 할 수 있다.[97]

그러므로 성도들은 성령 체험을 어떤 외적인 신비적 경험에서 찾으려 하지 말고, 말씀과 기도 속에서 성령의 역사하심과 다스려주심을 구해야 할 것이다.

Q6. 방언도 훈련 받는 것인가요?

남부 지방에 사는 어느 청년이 요청해온 상담이다. 한국교회의 유명한 기도원 집회에 갔다가 마치 방언을 훈련시키는 듯한 모습을 보고 그것에 대하여 일치하지 못하겠다고 상담해 온 경우이다.

방언은 성령의 은사이다. 어떤 이는 방언이 구원받은 자의 증거라고까지 한다. 그러나 성경에서는 그것을 성령의 은사라고 하고 있지 구원

---

97) 대한예수교장로회총회(통합) 편, op. cit., p. 189, 193. 통합측 연구보고서에서는 거룩한 웃음, 떨림, 쓰러짐, 짐승 소리 등의 근거로 제시하는 그들의 성경인용은 '억지스런 해석'이며, '올바르지 않은' 성경 해석임을 지적하고 있다.

받은 자의 필수적인 증거라고 하지는 않고 있다. 그런데 이 방언을 수여하시는 분은 성령이신데, 인간들이 마치 그것을 훈련에 의하여 가능한 것처럼 훈련시키는 듯한 인상을 준다는 것은 경악할 일이 아닐 수 없다. 성령의 은사를 인간적인 조작에 의하여 가능한 것처럼 하는 것은 성령의 역사를 부인하는 자라고 할 수 있겠기 때문이다. 그러한 경거망동한 행위는 근절되어야 할 것이다.

Q7. 참석해 본 어느 집회에서는 인간의 지성과 이성을 멀리하는 듯해요.

경기 지방 어느 집회에 다녀온 성도로부터 받은 상담으로 극단적 신비주의를 목도했다고 한다. 그곳에서는 직접 계시가 있는 듯했으며, 그 앞에서 인간의 지성과 이성적인 기능은 배제된 듯했다고 한다. 앞에서 언급한 생각 없이 입을 벌려 성령을 받는다고 하는 그 집회를 가리킨다. 그러나 필자가 누누이 강조하듯이 성령님의 임재는 인격적이라는 사실을 명심해야 할 것이다. 성도가 성령체험을 한 결과는 무엇인가? 그것은 성령에 의하여 인격적으로 다스림 즉 지배를 받는 것이고, 그러한 삶을 통하여 하나님께 영광을 돌리는 것이다. 그것이 성도에게 가장 큰 행복이요 축복임을 명심해야 하겠다.

Q8. 영성훈련 참여를 강요받고 있어요.

어느 선교회 문제 때문에 걸려온 상담 전화로 주요 교단의 교회 어느 부목사님의 상담 요청이었다. 자신이 섬기고 있는 교회의 담임목사님이 계속하여 자신에게 영성훈련을 받을 것을 요구해오는데 고민이 된다고 한다. 그를 더욱 고민하게 만든 것은 계속해서 그 훈련을 거절하면 사임하라고 했다는 것이다. 이것을 직설적으로 말하자면 담임목회자의 횡포라고 할 수 있을 것이다. 담임목사는 부목사가 자신과 같이 부름을 받은 사역자라고 하는 사실을 기억해야 한다. 부교역자들은 신학적으로 건전한 테두리 내에서 담임목사를 협력하고 순종해야 한다. 그러나 신학적으로 그릇된 불건전한 단체에 담임목사가 참여하면서 그것을 자신의 교회에 부목사에게 억지로 권한다면 그것은 그의 인격적 자질을 의심케 한다. 그러한 상황에 대하여 어떻게 대처해야 할지 그 부교역자는 지혜롭게 생각하고 있었다.

Q9. 이빨이 금으로 변한다고 해요. 그게 사실일까요?

이빨이 왜 금으로 변해야 할까? 그것이 성경에서 등장한 경우인가? 다 변한다면 진부한 표현을 사용하기를 원치 않지만, 너도 나도 금이빨로 다 변한다면 치과를 찾을 사람은 아무도 없지 않을까? 성도의 삶 속에 인격적으로 역사하셔서 성도의 전인적인 삶이 성결하도록 변화시켜가시는 하나님이신데, 왜 인간은 하나님의 복음을 값싼 물질적인 것으로 바꾸려 하는 것일까? 우리는 우리의 삶 속에서 육신적인 질병의 치료를 위하여 하나님께 간구한다. 그러나 치아를 금이빨로 바꿔달라고 기도할 필요가 없다. 그것은 극단적인 신비주의이기 때문이다.

필자는 언젠가 그러한 사역을 하는 이의 집회에 참여해 본 적이 있다. 그러나 필자가 참석한 그 시간에는 그러한 일이 일어나지 않았다. 다만 그러한 역사를 경험해 보기 원하는 많은 목회자들과 사모들이 등단하여 기도 받던 일을 사진으로 찍다가 그들에게 발각되어 난리가 난 일은 있었다. 그때 필자는 그 주최자에게 분명히 말했다. 이 집회가 건전한 집회라면 왜 이렇게 하느냐고, 그리고 목회자라면 누구나가 이러한 집회에 호기심을 가질 수 있지 않느냐고 반문한 적이 있다.

성도들과 목회자들이 바른 경건을 추구하도록 애써야 할 것이다. 목하 한국교회의 구석구석에는 성도들을 현혹하는 어지러운 영성운동이 너무나도 다발적으로 전개되고 있다. 이러한 즈음에 신학자들과 목회자들은 그러한 운동들에 대한 바른 견해를 도출해내어 교회 성도들을 교육시켜야 할 책임이 있다.

Q10. 예언기도, 그대로 믿어야 하나요?

예언기도를 받으러 다니는 목회자들과 성도들이 상상외로 많다. 필자가 속한 어느 교회와 관련되어서도 이런 일이 있었던 것으로 제보자를 통하여 들었던 적이 있다. 또 다른 경우는 예언기도를 받은 후 직장을 가지고 있던 사람이 어느 지역으로 내려가서 생계를 꾸리기 힘들 정도로 어렵게 되었다고 어떻게 했으면 좋겠느냐고 상담해온 경우도 있다.

　필자도 어릴 적에 예언기도를 받고 회개하고 금식하던 때가 있었다. 그때의 경험은 필자에게 소중한 체험으로 남아 있다. 예언적인 기도는 소위 영력이 있는 이들이 은사를 받았다고 해주는 기도이다. 그러나 주님 앞에서 조금 더 낮아질 수만 있다면 그것은 차라리 성도를 위하여 기도해주는 중보 형태의 기도가 되어야 하지 않을까? 필자가 받은 위의 상담에서 예언기도를 받았다고 하는 경우 가정생활이 극도로 힘들게 된 경우는 어떻게 설명되어져야 하는가? 성도의 신앙과 미래를 마치 점치듯이 예언해주는 일은 조심스러워야 할 것이다. 아니 지양되어야 할 것이다. 성도들은 예언기도를 받으려 하기 보다는 오히려 하루하루 하나님의 뜻에 순종하는 삶을 살고, 자신의 삶을 통하여 하나님의 뜻이 드러나고 성취되기를 원하는 소박한 기도를 드리는 것이 옳을 것이다.

Q11. 신비스런 체험을 했어요. 어떻게 하죠?

　때때로 기독교인들 가운데는 자신이 받은 신비로운 기도의 응답 혹은 환상 같은 것에 대하여 다른 성도들에게 간증하기도 한다. 그러나 그러한 '신비스런 영적 체험들'은 기록된 하나님의 성경계시와 같은 차원이 아니라는 것을 명심해야 한다. 흔히들 자신이 깊은 경건의 단계에 들어가서 받게 되는 체험들을 마치 절대적인 것인 양 내세우는 이들이 있다. 물론 경건한 성도들은 자신에게 주신 특별한 선물로서의 그러한 경험들을 그야말로 하나님과 자신 만이 아는 비밀스런 소중한 체험으로 간직하려고 한다.

그러나 종종 그렇지 못한 경우에 간증을 하다보면 그 경험을 주신 하나님 보다는 자기 자신이 두드러지게 부각되며 나아가서 자신의 주관적인 신비체험을 절대화시켜서 그것을 마치 '성경'의 권위와 같은 계시로 받아들이는 이들까지 있다. 그런데 자신이 받았다고 하는 그러한 신비적인 체험들을 계속적으로 추구해나가다 보면 자신도 모르는 사이에 기록된 하나님의 말씀을 따라 생활해가는 평범한 기독교인의 생활보다는 신비 그 자체를 따라가는 신비주의자가 되어지는 것이다. 그러한 신앙실습에 익숙하다보면 '극단적인 신비주의자' 가 되고야 만다.

신비 그 자체를 따라가는 신비주의자들 중의 대표적인 인물을 한국 교회사에서 찾아본다면, 유명화(劉明花) 여인이 있다. 1927년경 원산의 감리교회에 출석하고 있던 그녀는 말하기를 자기에게 예수가 친히 임재(親臨)했다고 하여 자신이 예수인 양 처신했다. 유명화는 영흥교회의 부흥회에 가서도 예수 같은 모습을 하고 다른 여자에게 강신극을 자행하기도 했다. 그때 간도에 있던 한준명이라는 사람이 그 강신극에 참여하게 되었고, 1931년 11월에는 평양에서 그러한 극이 벌어질 때 한준명이 주동이 되었다. 백남주와 한준명은 유명화와 밀접한 관계를 가지고 「새생명의 길」이라는 잡지를 내어서 성경보다도 그 책에다 더 비중을 두었

다.[98]

그들은 사도신경과 삼위일체 교리와 예수를 통한 사죄의 교리를 폐기하고 신비적이며 신지적인 경험을 통해 하나님과 하나가 되어야 한다고 주장했다. 그리하여 후에는 부흥회 인도로 선풍적인 인기를 끌던 이용도도 이 운동에 가담되었다.[99]

이러한 예를 한 가지만 더 들자면, 황국주(黃國柱)를 논할 수 있겠다. 황해도가 고향이며 간도로 이민 갔던 그는 백일기도를 통해 머리를 길러 내리고 수염을 길러서 그 풍채를 마치 예수 자신의 얼굴 비슷하게 꾸몄다. 황국주는 신비 중에 자기의 목이 떨어지고 그 자리에 예수의 목이 붙었다고 하여 자기를 신성화했다.[100] 그는 간도에서 머리도 예수의 머리, 피도 예수의 피, 마음도 예수의 마음, 전부 예수화했다고 했다. 그리고 새 예루살렘 도성을 찾아 정처 없는 순례길을 나섰으며, 그가 우선 서울로 온다고 하는 소식이 퍼지자 도처에서 예수의 화신을 구경하고자 운집한 사람들이 길을 메웠다. 그리고 가정을 버리고 따르는 유부녀들과 처녀 등 60여 명의 일행이 서울에 입성할 때는 전국교회가 떠들썩했다고

---

98) 김영재, op.cit., p.188.
99) Ibid., p.188. 이용도(李龍道, 1900~1933)는 신비주의적 경건을 추구한 감리교의 목사로서 당시 시국적인 절망감을 경험하고 사회적으로 혼란한 뭇사람들로부터 주목받던 목사였다. 특히 그는 '고난당하신 예수 그리스도'의 모습을 그의 신앙의 표상처럼 여겼다. 그는 나라 잃은 설움에 목메어 울었고, 교회의 형식화와 교원의 창설에 매스운 비판을 가했던 당시의 전형적인 경건의 한 모델이기도 했다. 그러나 사랑의 융합을 통하여 주님과의 '혈관적 연결'(血管의 連結)을 이룬다고 믿고서 거기에서 더 나아가 자신을 고난당하시는 그리스도와 동일시해버린 그것은 바로 한국교회로 하여금 그의 경건을 의심하도록 만들었다. 그 결과 1931에는 장로교로부터 금족령을 받았고, 1933년 9월에는 이단으로 정죄되었다.
100) 채기은, 『한국교회사』(CLC, 1978), p.187. 채기은도 목가름의 원리가 피가름 혹은 혼음사건으로 변천된 것으로 보고 있으며, 민경배 교수도 황국주가 삼각산에 기도원을 세우고 목가름, 피가름 등의 교리를 실제로 가르쳤으며, 그 가름의 과정을 영체 교환으로 실현했다고 밝힌다 (한국교회사, p.296). 그리고 김영재 교수도 황국주가 자신이 육신을 입은 예수라고 자칭하고 많은 여자신도들을 유혹한 사실과 성적인 교접을 통하여 '피갈음'을 해야 한다고 가르쳤음을 논하고 있다. 김영재 교수는 또한 이러한 황국주의 피갈음 교리는 바로 문선명과 박태선파에게도 영향력을 끼친 것으로 서술한다.

전해진다.[101] 그가 순례의 행로를 갈 때 심지어는 그의 아버지 황 장로도 그를 '주님' 이라고 불렀다고 한다. 특히 그들이 여행하다가 남녀간 혼잡한 모습을 보이면서도, 그것이 하나님의 지도를 따라 온 것이며, 그 길이 곧 완전에의 첩경이라고 장담했다고 한다. 자기 자신을 그리스도와 동일시해서 예수화를 표방하고 윤리적 완전을 자처한 점은 곧 기성교회의 단죄를 받게 되었는데, 1933년 평안도 안주노회가 황국주를 유명화 등과 같이 '위험한 이단' 으로 정죄한 것이다. 황국주의 열광주의적 신비주의에서 우리는 그 이후에 발전되어온 '피가름교리의 그림자' 를 본다.[102]

이러한 위험성이 있기 때문에, 특히 자신이 체험한 신비스런 경험들이 있다고 하더라도 과연 그것들이 하나님께로부터 왔는지 성경 말씀의 전반적인 기준에 의하여 검증해봐야 할 것이다. 때때로 전혀 비이성적이며 반성경적인 계시를 받았다고 하는 이들이 있기 때문이다. 오늘날도 세계적으로 또한 한국 내에서도 극단적 신비주의자가 되어서 자신이 체험한 신비적 현상들을 절대화시켜서 그릇된 교리를 만들어내고 자신을 따르도록 하는 이들이 많은 것이 사실이다.

물론 이단 사이비 교주나 추종자들이 받았다고 하는 그러한 신비적 체험과 환상은 물론 거룩하신 우리의 주님으로부터 받은 것이 아니다. 왜냐하면 자신만이 유일한 구원자가 되시며 구원의 완성자가 되시는 우

---

101) 민경배, 『한국기독교회사』 (대한기독교서회, 1972), p. 296.
102) Cf. 이대복, 『통일교 원리비판과 문선명의 정체』 (큰샘출판사, 1999), pp. 43-50. '피가름 교리' 란 황국주와 통일교 계통에서 행해졌던 교리이다. 즉 하와가 사탄과 간음함으로써 영적으로 타락했으며 그 후 아담과의 성관계를 통하여 육체적으로도 타락했다는 것이다. 그리고 그러한 육체적 타락의 결과 모든 인간이 사탄의 혈통에서 태어나게 된 것이기 때문에 피가름이라고 하는 성적인 의식을 통하여 혈통을 정화한다고 하는 논리였다. 그렇지만 성경은 오직 예수 그리스도의 보혈을 통한 구원을 말하고 있을 뿐 인간이 고안해 낸 그 어떠한 이단 교리도 인정하지 않는다.

리 주님께서는 결코 주님 이외의 인간을 구속주의 일을 하도록 보내지 않으실 것이 너무나도 분명하기 때문이다. 그러므로 신자들과 교역자들은 자신에게 주어지는 신비적 체험들을 성경말씀에 의하여 검증해야 하겠고, 만약의 경우 그것이 전혀 비성경적인 어떤 것들이라면 더욱더 경성하여 기도하고 말씀 본위의 신앙생활로 전환해야 할 것이다. 그리고 교역자들을 통하여 더욱더 체계 있는 성경공부 프로그램에 참여할 수 있어야 할 것이다. 우리에게 주어진 하나님의 완전한 계시인 '성경말씀'은 이 세상의 모든 규범들을 규정한 '바로 그 규범' 이시기 때문에 우리의 모든 행위들을 포함하여 특히 신비적 체험들은 '규범들 중의 규범'인 성경 말씀에 의하여 규제되어야 한다. 오직 하나님의 말씀만이 규범들을 규정할 수 있는 절대규범이 되기 때문이다.

Q12. 트레스디아스 (T.D.)에 참여해도 되나요?

아마도 전도사님인 듯한 분으로부터 온 상담이었다. 그녀가 속한 교회는 TD를 교역자들의 허락 하에 참여할 수 있도록 해 놓았음에도 불구하고, 정작 그녀 자신은 부모님들이 그 모임에 참여하는 것을 동의할 수가 없어서 고민하는 가운데 상담을 신청하게 되었다고 했다. TD는 누구에게 강요할 것이 못된다. 그것이 참여해 본 사람들에 의해서는 좋은 프로그램이라고 칭찬하도록 하지만, 정작 많은 평범한 기독교인들로 하여금 여전히 거부감을 가지도록 하고 있다. 그것의 은폐성(혹은 은닉성)을 비롯하여 인위적인 훈련들 등등 비판의 소리는 계속되고 있는 듯하다. 필자의 소견에 성도는 각 교회에서 주일에 들려지는 설교와 주간 중의 성경공부들을 통하여 하나님의 뜻을 발견하고 실천해 갈 수 있으며, 또한 교회 밖의 어떤 프로그램 보다는 교회 중심의 프로그램들이 더욱 귀하게 여겨져야 하며, 교회 성도들 간의 교제가 더욱 소중하다고 생각한다.

간혹 한국교회가 이단으로 인정해 놓은 집단에서 운영하는 TD 프로그램에 대한 상담도 들어온다. 필자가 속한 교단의 어느 지역 교회의 사역자는 '레마 선교회'에 가담되는 교인들이 많아지고 있는데, 우리 교단의 결정은 어떠냐고 문의해 온 바 있다. 필자의 교단에서는 42회 총회 시에 그 집단을 불건전 집단으로 규정한 바 있음을 알려주었다. 아무리 좋은 TD 프로그램이라도 그것이 이단으로 규정받은 곳에서 운영되고 있거나, 또 이단으로 규정받은 단체와 간접적으로 연결되어 있었던 이에 의하여 운영되고 있다면 그것은 재고할 필요 없이 배제되어야 한다.

필자가 상담을 하는 한 사람으로서 제안하고 싶은 것이 있는데 그것은 TD를 비롯한 모든 영성훈련단체들의 프로그램이 공개되어야 한다는 것이다. 그들이 훈련시키고 있는 내용이 건전한 것이라면 그리고 그것이 평범한 크리스천들이 아무런 의아심 없이 받아들일 수 있는 것이라면, 그것은 차라리 교회 밖에서 비밀리에 진행되어야 할 것이 아니라, 제자화 훈련처럼 교회에서 운영될 수 있도록 재구성되어야 할 것이다.

필자는 집필을 위하여 한적한 곳을 찾았는데 그곳에서 교회 자체 내에서 영성훈련프로그램을 개발하여 성공적으로 시행하고 또 많은 결실들을 얻게 되었다고 하는 목사님을 만나 교제한 적이 있다. 그러한 경우는 상당히 모범적이라고 할 수 있을 것이다. TD를 포함한 무슨 영성훈련프로그램들이든지 그들의 모임을 '교회 밖의 교회'처럼 만들지 않아야 할 것이다. 그것이 단회적이거나 단지 몇 차례에 걸친 훈련이어야 하지, 계속하여 자신들의 단체의 일원으로 활용하려고 한다든지, 또 교회 생활과 상충될 때에 자신의 단체 일을 우선시켜서는 안 될 것이다.

진정한 영성훈련이라면 신자들 개인이 그리스도 안에서 훈련받아 갈 수 있도록 유도해주는 것이 되어야 한다. 즉 프로그램 중심이 아니라 한 개인이 인격적으로 그리스도를 체험하고, 그리스도께로 말미암는 은혜에 기초하여 인간관계 및 교회 봉사, 사회생활 등에 대하여 통찰력을 얻도록 도와줄 수 있는 것이어야 한다. 영성훈련을 통하여 '단체'나 '프로그램'이 아니라 '그리스도'를 배우도록 하고, 그들을 철저하게 지교회로 보내어 출석 교회에서 봉사하고 일꾼이 되도록 하는데 까지만 도와줘야 할 것이다.

Q13. 극단적 신비주의라는 것이 무엇이죠?

어느 청년으로부터 받은 상담이었는데, 그는 어느 집회에 관하여 문의해왔다. 그 집회에서는 찬양과 간증이 있은 다음 강사 목사의 설교가 진행되는데 특히 성령의 임재를 강조한다고 했다. 조용히 자리에 드러

누워 성령이 임재하는 것을 경험한다고 하는데, 그렇게 하다보면 자신의 진로가 보인다고 지도한다 했다. 목사가 보이면 목사가 되며 또 무엇이 보이면 그대로 된다는 식의 가르침이었다고 한다.

오늘 한국교회에 도전해오고 있는 여러 위험들 중의 하나는 바로 극단적 신비주의이다. 신비주의(神秘主義, mysticism)란 여러 주요 종교들에서 나타나는 요소이다. 그것은 신비적인 직관과 내적 체험을 통하여 신적 존재를 인식하려고 하는 것으로서 종교나 철학에서 다뤄지기도 했으며, 기독교에서도 2세기 이후 영지주의나 신플라톤주의적 영향을 받거나 혹은 중세기에 접어들어 끌레아보의 버나드(Bernard of Clairvaux, 1091-1153)나 마이스터 에크하르트(Meister Eckhart, 1260?~1327)를 비롯한 신비주의자들이 있어왔다. 그러나 기독교는 신비적 요소들이 있음에도 불구하고 신비주의를 지향해서는 안 된다. 기독교의 지향점은 하나님을 향한 예배와 그분과의 연합이지만, 그것은 기도와 말씀을 통하여 균형 있게 시도되어야 할 것이지 전혀 성경적 근거가 없는 단순한 종교적 감정에 의한 시도여서는 안 될 것이다.

그러면, 극단적 신비주의란 무엇인가? 그것은 신비적 성향이 극대화되고 그 상태에서 더 나아가버린 것을 가리키는 표현이라고 보면 될 것이다. 기독교는 역사적 기독교가 견지해온 바와 같이 하나님의 말씀인 성경에 근거한 종교요 신앙고백과 신학이 있는 종교이다. 하나님의 말씀에 근거한 올바른 기반 위에서 거룩한 연합을 추구해야 할 것이다. 거기에서 벗어나면 그것은 곧 비기독교적 성향으로 흐를 수밖에 없다.

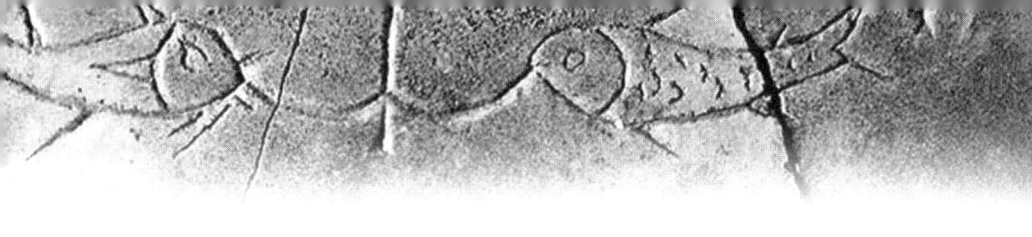

Q1. 교회(당)에서 드리는 예배만이 예배인가요?

모 목사의 교회에 참석해 본 적이 있는 여성도의 질문이다. "예배는 꼭 교회에서만 드려야 하는가?" 물론 그녀는 교회에서도 가정이나 그 밖의 장소에서도 드릴 수 있다고 생각했으므로 교회에서 드리는 것만이 예배라고 설교한 그 목사의 사상에 대하여 상담을 요청해 온 것이다. 그와 관련한 상담을 필자는 종종 받아 왔다. 그 가운데는 목사와 장로를 비롯하여 다양한 계층의 성도들이 있었다. 이미 문제시되어 규정되기도 한 그 설교자가 강조하는 것은 예배는 교회(당)에서만 드려야 한다는 생각이었다.

그 생각은 너무 협소하다. 그의 다른 설교에서 그는 강조하기를 성도들이 하나님을 섬기는 것은 교회 안에서 만이라고 한 것을 녹취한 적이 있다. 그러한 협소한 신앙을 가지고 있기 때문에 예배는 교회당 안에서만 드려야 한다는 것이다. 심지어는 수요일 예배도 예배라고 하지 않고 기도회라고 한다. 구역예배나 기타 직장이나 다른 곳에서 예배하는 것은 예배가 아니라고까지 한다. 그의 그러한 생각은 이 세상 가운데 모든 영역들 속에서 성도들이 섬겨야 하며, 또 어느 곳에서나 하나님을 부르고 예배할 수 있다는 것을 제한한다.

성과 속의 이원론에 젖어 있는 듯하다. 목회자가 그러한 시각을 가지고 있으면, 성도들이 세상 가운데서 주님을 기쁘시게 하기 위하여 문화적 활동을 하는 것들 역시 경시되고 말 것이다. 그러므로 예배는 교회(당)에서만 드려야 한다고 하는 사상은 너무나 치우친 견해임을 알아야 한다.

이단구출

Q1. 이단에 빠진 동생에게 비판 자료를 전달했으나, 회심의 기미가 보이지 않아요. 어떻게 해야 할까요?

　D지역에 있던 어느 성도가 자신의 동생의 생활에 대하여 염려하며 상담을 요청해 온 경우였다. 대학생인 남동생이 무료로 성경을 가르쳐 주는 단체에 빠진 것이다. 그래서 자매는 이단전문연구기관의 자료를 받아서 동생에게 전달했으나 개종의 기미가 보이지 않아서 초조해진 것이다. 현재 그 지역의 모 대학에는 그 단체가 상당히 많이 침투해 있다는 것도 알고 있었다.

　사실 이단 상담을 하다 보면 이러한 부분이 제일 힘겹다. 반박 자료를 제시했는데도 아랑곳하지 않고 전혀 믿으려하지 않기 때문이다. 이단들은 기성교회들이 그들을 비판하면, 그 비판에 대한 변증 내용을 준비한다. 그것은 대부분의 이단이 동일한 것 같다. 필자가 언젠가 상담한 다른 이단자의 경우도 기성교회의 신학대학원 교수들이 연구 보고한 내용까지도 사실이 아니라고 단언하고 나서는 것을 보았다. 그리고 자신들은 그러한 주장을 하고 있지 않다, 교수회 보고서는 자신들의 의도를 잘 몰라서 그렇게 작성된 것이라는 식의 변명을 늘어놓는다. 대화가 되지 않고 양자의 대화는 접촉점을 찾지 못하고 평행선을 달릴 뿐이다. 이것이 우리가 직면하게 되는 한계이며 현실이다.

그러나 우리 기독교인들은 신실하신 하나님을 믿는다. 교회를 사랑하여 자신의 몸을 내놓으신 주 예수 그리스도와 거룩하신 성령님의 역사하심을 믿는다. 주님께서는 곤경 속에서도 기도해야 할 것을 명하셨다. 간청하라고 하셨다. 우리는 주님의 기도하라고 하신 명령과 또 기도하면 주님께서 응답하시고 인도해 가실 것을 믿는가?

Q2. 동생이 ○○진리회에 빠져서 재산을 다 갖다 바쳤어요. 법적으로 대응할 수 있을까요?

동생이 ○○진리회에 빠져 고민하던 어느 분으로부터 걸려온 전화였다. 10년도 더 되게 그 단체에 빠져 있었으며, 이제는 재산을 다 바치고 가정도 파탄 직전에 와 있다는 것이었다. 매스컴을 통해서도 그 단체에 대한 기사를 보았다고 하면서 어떻게 법적으로 대응할 방법이 없느냐고 문의해왔다. 사실 그 단체는 우리 기독교의 입장에서 보면 이단이라고 할 수 있는 것은 아니다. 왜냐하면 그것은 기독교와 유사한 성격을 지닌 단체라기보다는 오히려 전혀 상관없는 타종교들 중의 하나이기 때문이다.

우리 기독교에서는 기독교적 색채를 지니고 있으면서 사회적 혹은 윤리 도덕적 악영향을 끼치고 있는 단체들을 가리켜 '사이비 단체'라고 한다. 기독교와 관련은 없지만 사회적으로 악영향을 끼치고 있다는 점에서 다수의 사람들은 그러한 단체를 '사이비 단체'의 차원에서 이해할 수 있을 것이다.

그런데 그분의 질문에 대한 답변은 간단하지가 않다는 것은 주지하는 사실이다. 그러나 그 심각성과 해악성이 계속하여 지적되었기 때문에 매스컴에서까지도 문제성을 지적했을 것이다. 현대에 접어들어 포스터모더니즘의 영향 하에 서로에 대한 다양성을 인정하는 분위기가 조성되었다. 그리고 인격 및 명예에 대한 강조가 높아졌기 때문에 어떤 종교의 한 분파가 사회적으로 악영향을 끼치고 있음에도 불구하고 그 단체에 대하여 강압적으로 개입할 수 없는 것이다. 왜냐하면 그러한 단체들도 대부분 종교단체로 인식되어오고 있기 때문에 공권력이 개입한다는 것은 가능성이 희박하다.

사실 필자에게 상담을 요청해 온 경우 그분은 공권력의 개입 혹은 어떤 공적 차원에서의 해결 방안을 모색하기 위하여 필자에게 상담을 요청해 온 듯했다. 그때 필자는 선명한 답변을 해주기가 힘들었다. 그러나 한 가지 희미한 가능성을 기대할 뿐이었는데, 그것은 현저하게 국민의 가정을 파탄시키는 등 반사회적 반윤리적 행동들을 유발시킬 때는 국가가 일정한 재제를 가할 수 있었으면 하는 것이다. 하나님은 국가 위정자들에 게 사회의 질서를 유지할 수 있는 권위를 부여해주셨다. 타종교의 문제를 타 종교들이 영향력을 끼칠 수 없는 다종교적인 상황 속에서 국가는 종교의 자유를 침해하지 않는 범위 내에서 가능한 정도 내에서 그 권위를 행사할 수도 있다고 생각한다. 그러나 그것은 종교들을 간섭하는 것이어서는 안 되며, 단지 반사회적 행동을 하는 사이비 단체들을 제재하는 수준이어야 할 것이다.

Q3. 아들이 이단에 빠졌어요. 그곳에서 결혼도 했어요. 그러한 이단에 대처할 방법이 없나요?

아들이 L측에 빠진 어느 성도로부터 들어온 상담이었다. 그분은 이미 여러 이단상담소들의 전화번호들을 가지고 있었다. 그럼에도 불구하고 필자의 상담소에 상담을 요청해 온 이유는 단 한 가닥의 소망이라도 발견하기 위해서임을 직감할 수 있었다. 그분의 아들은 그곳에 먼저 다니고 있던 여성과 결혼하여 가정을 이루었고, 일주일 중 거의 대부분의 시간을 그 교회에서 보낸다고 했다. 그의 아버지는 사람이 가장 격해질 수 있는 상태에까지 도달해 있었다. 가장 극단적인 생각까지도 다 해보았노라고 그 심경을 토로했다. 그리고 그 이단교주를 어떻게 대처할 방법이 없느냐고 질문했다.

그것은 상당히 어려운 문제이다. 아무리 이단 교주라도 그에 대하여 물리적 방법을 사용해서는 안 될 것이다. 얼마 전 어떤 이단 교주에 의하여 사법기관이 개입했던 적이 있었다. 그러한 과정 속에서 발생되고 전개된 문제라면 법적 문제로 발전할 수 있을 것이다. 그러나 당시 필자가 이해하기로는 물론 그 이단 단체가 제기시키는 문제점들에 대하여는 전문가들 사이에 알려진 여러 사실들이 있기는 했지만, 적어도 그 아들의 문제를 가지고 법적으로 고소하기에는 어려움들이 있다고 생각되었다. 왜냐하면 아들은 자신의 의지를 가지고 자신의 재산을 바쳤기 때문에 그러한 사실을 가지고 법적 문제를 제기할 수는 없다고 판단되었다.

그래서 필자는 그분에게 그래도 하실 수 있는 최선을 다해보라고 권면했다. 그 과정에서 적어도 부자지간의 사랑까지도 침해당하지 않도록 노력하는 것이 필요함을 제시했다. 종종 가족이 이단에 빠진 경우에는 그들의 '가족관계' 까지도 와해되어버린다. 최근에 이단들은 남편과 아내, 부모와 자식의 연을 끊어버릴 정도로 악랄해졌기 때문에, 물론 힘들고 어려운 것이 사실이겠지만 그러한 사랑하는 가족관계까지 다치지 않게 본인이 할 수 있는 최선을 다해 주시기를 당부하는 수밖에 없었다.

Q4. 가족이 이단에 남아 있을 때 지혜로운 방법은 무엇인가요?

이 역시 위의 경우와 비슷한 상담이었다. 어느 성도는 K목사의 교회에 한 때 적을 두고 있었던 사람이었는데, 그의 연인이 그곳에 연루되어서 고민하고 있었다. 아직 결혼은 하지 않았을지라도 그에게는 가족이나 마찬가지였던 존재였음에 틀림없었다. 사랑하는 가족이 이단에 빠져 고민하는 사람들이 대체적으로 해결하려는 과정은 그 단체가 이단이라고 하는 자료를 구하는 것이다. 그리고는 그 자료를 제시하면서 혹은 그 내용을 이야기해줌으로써 설득시켜 보려고 한다. 그 작업이 실패로 돌아가고 나면, 이제 자신이 출석하는 교회의 교역자들과 상담하게 되고 또 그 교역자로 하여금 자신의 가족을 만나보게 한다. 그러한 과정 속에서 가족들 상호간의 신뢰가 깨어지고 평화가 사라지며 불안하여 질서를 잃어버리게 된다. 그 다음 단계는 여러 상담기관이나 연구기관들에 어떻게 할 수 있는 방법이나 대안이 없을까 물어보게 된다. 물론 개인에 따라서 접근하는 방법이 다양할 수는 있을 것이다. 필자가 상담해 온 결과 대부분의 사람들은 위와 같은 절차를 밟고 있음을 알 수 있었다.

그는 이단에 빠져 있던 그의 파트너를 무척 사랑하고 있었다. 그래서 가능한 여러 방법들을 다 써봤지만 뚜렷한 진전이 없었다. 그러한 상황에 처한 그에게 필자는 먼저 그를 위하여 기도할 것을 권면했고, 또 자신이 구할 수 있는 그 단체에 대한 정보(비판자료)들을 접한 후에 설득을 계속하라고 했다. 그리고 가능하다면 자신이 출석하고 있는 교회의 담임교역자에게 두 분이 함께 가서 상담을 해 보라고 권면했다. 그러나 그 과정 속에서도 서로에게 대한 사랑의 감정이 다치지 않게 유의할 것을 권면했다.

이와 유사한 상담사례는 어느 청년이 직면한 경우이다. 가족의 일부는 이단으로 알려져 있는 어느 단체에 다니는데 직장도 포기하고 그쪽

신학을 할 정도가 되었다고 했다. 역시 따님이 학교를 다니다가 J측에 빠진 어느 어머니도 같은 문제를 가지고 있었는데, 이러한 경우들에도 필자는 위와 같은 방법들을 제시했다.

사실 이와 같은 유형의 상담을 받을 때 필자는 정말이지 한계에 부닥친다. 얼마 전 다른 종류의 상담을 하는 쪽에서도 자신의 상담과정 속에서 자신이 더 이상 그 무엇을 제시해 줄 수 없다는 것을 발견하게 될 때는 좌절한다고 한 경우를 본 적이 있는데, 그것은 필자의 경우에 있어서도 마찬가지라고 생각한다. 그들에게 말해주는 여러 가지 사실들 중에 필자가 강조해온 것은 그래도 주변에 아는 분들에게 '기도부탁' 을 하라는 것이었고,[103] 그 가족을 사랑하는 것을 잊지 말고, 계속하여 관심을 기울여주면서 설득하라는 것이었다. 눈물의 기도를 주님은 지켜보신다.

Q5. 이단에서 빠져나올 수 있는 지혜로운 방법은 무엇인가요?

이번 경우에는 모 지역 대학교에 다니는 학생으로부터 걸려 온 전화였다. 그 학생의 음성은 상당히 담담해 보였는데, 이미 자신이 참여하고 있는 어느 이단 단체에서 빠져나올 것을 결정해 놓은 상태에서 상담을 요청해왔기 때문임을 이내 알 수 있었다. 그 학생은 그 서클이 이단에 속한 것임을 알게 되었다고 했다. 그러나 문제는 자신의 인적사항이라든

---

103) Janis Hutchinson, *Out of the Cults and Into the Church* (Grand Rapids, Michigan: Kregel Publications, 1994), pp. 31-33. 여기에서 허친슨은 크리스천들이 어떻게 이전에 이단에 빠졌던 자(former cultist 혹은 ex-cultists)를 도울 수 있을지에 대하여 아홉 가지로 설명하고 있다. 그 가운데 네 번째로 그가 제시하는 것도 역시 기도하라(Be prayerful)는 것이다. Cf. Ibid., pp. 182-185 여기서는 또 다른 측면 즉 실재적인 측면에서의 열 한 가지 방법들을 서술하고 있다.

지 자신의 사생활에 관한 정보들이 그들의 손에 이미 들어가 있는 상태에서 그리고 또 자신의 선배들이나 동기들을 서로 잘 알고 있는 상태에서 어떻게 빠져나올 수 있겠느냐는 것이었다.

그 학생의 질문에 대하여 필자는 비단 학생들의 경우가 아닌 일반인들에게도 종종 제시해 온 것과 같았는데, 그것은 "당신네 단체가 이단이라는 소리가 들리니 이제부터 나는 나가겠습니다."라는 말 보다는 "제게 사정이 생겨서, 혹은 그냥 본래 다니던 교회로 다시 나가기로 했어요." "제게 사정이 생겨서 다른 서클에 가입하게 되었어요."라는 식으로 '간접적인 이유들'을 제시하라고 일러주었다. 물론 그렇게 간접적인 방법을 쓰더라도 그들은 눈치 챌 수 있을 것이고, 그 이후에도 몇 번 정도는 챙기려고 할 것이다. 그러나 '당신네 단체들이 이단이라고 하니깐'이라고 말한다면 아마도 그들은 더욱더 혈안이 되어 탈퇴하려는 이들을 집요하게 붙들려고 할 것이다. 그렇기 때문에 불필요한 정면대결보다는 우회적이며 간접적인 방법을 사용하여 조용하게 탈퇴하는 것이 나을 것이다.

Q6. 어떤 사람들이 이단에 잘 빠지게 되나요?

먼저, 우리가 말할 수 있는 이들은 바로 '초신자들'이다. 그들은 예수 그리스도를 향한 처음 사랑을 경험하게 되지만 동시에 사이비 단체 혹은 이단들의 접근에 넘어갈 높은 가능성 지니고 있기도 하다. 그들은 성경을 배우는 일을 비롯하여 교회생활에 더욱 잘 적응하기 원하기 때문에 주변에 있는 이단에 속한 이웃이 권유하면 그것이 이단인지 아닌지도 모르기 때문에 쉽게 따라갈 가능성이 있다. 실제로 필자에게 상담을 요청해 온 경우도 있다. 그러므로 초신자들이 이단 사이비로 넘어가기 쉽다는 것을 전제할 때에, 기존 믿는 성숙한 성도들이 초신자들을 위해서 어떻게 해야 할지를 짐작하게 된다. 즉 성숙한 신자들은 초신자들을 위해 더 많은 만남의 기회를 가져야 한다. 그리고 초신자들은 계속해서 자라가야 한다. 즉 존 스토트(John Stott)의 말처럼 구원받은 성도는 그리스도 안에서 계속해서 성장해 가야 하는 것이다.[104] 즉 이해력의 면에 있어서와 거룩의 면에 있어서 계속 자라가야 하는 것이다.

다음으로 '구원의 확신이 없는 사람들'이 이단으로 잘 넘어간다. 대부분의 신자들은 주로 감정적으로 구원을 확신하고 있는 듯하다. 자신이 믿음 생활을 잘 하고 있을 때는 구원받은 것 같다가도, 그렇지 못할 때에는 확신이 흔들리는 것을 발견하게 된다고 하는 이들도 있었다.

정서적으로 볼 때 인간의 기본 욕구들이 충족되지 못하는 경우 종종 이단으로 넘어가는 것을 볼 수 있었다. 인간은 마슬로우(Maslow)의 욕구이론에서 말해주듯이 생리적 욕구, 안전의 욕구, 소속의 욕구, 존경의 욕구, 그리고 자아실현의 욕구 등을 충족받기를 원한다. 그렇지만 그러한 욕구들이 충족 받지 못할 때에는 심각한 위기들을 경험한다.

이러한 욕구들 가운데 신자들이 교회에서 충족받기를 원하는 것은

---

[104] John Stott, op. cit., pp. 136-137. John Stott는 여기에서 성장의 두 영역을 이야기 하고 있는데, 그것은 그리스도를 알아가는 지성적인 측면이며, 또 한 가지는 거룩한 삶 속에서 자라가야 함을 역설하고 있다.

물론 영적인 욕구가 우선이지만 '정서적' 혹은 '심리적' 욕구라고 할 수 있다. 네프(Neff)도 이단과 신흥종교 평가『(Evaluating Cults and New Religions)』라고 하는 글에서 말하기를, 인간이란 정서적 육체적 욕구들(emotional and physical needs)을 가지고 있으며, 우리는 가족과 동료들과 친구들과 이웃들과의 관계의 그물조직(a web of relationships) 속에 살고 있다는 점을 언급했다.[105]

인간이 가지고 있는 보편적인 욕구들이 충족되지 못할 때 인간은 종교를 통하여 그 욕구들의 충족을 받기 원한다. 영혼의 구원을 위해 교회로 오는 이들도 많지만 상당수의 사람들은 자신의 욕구 불충족으로 인한 인간성의 피폐와 소외를 극복하고 정서적으로 충족받기 위하여 교회에 출석하는 이들이 많다. 그런데 문제는 크리스천들도 교회에서 사랑과 돌봄을 통하여 자신의 욕구를 충족받기 원하지만, 종종 그렇게 되지 못하다는 것을 발견하게 된다. 그때 가정과 사회에서도 채워지지 못한 욕구들이 교회에서도 역시 채워지지 못한다고 생각한 이들 중의 소수는 '교회 밖의 어떤 단체들'에서 그 해결점을 찾으려 할 수 있다는 것이다. 이러한 경우는 필자의 상담을 통하여서도 드러난 경우이다.

이단 사이비 단체들은 그 자체로서 정통기독교가 아니라는 평가를 받는 것이 사실이다. 그러나 그렇다고 해서 그 가운데는 '몰인간성'만 존재하는 것이 아니다.[106] 그들 가운데서는 그들 서로가 서로에 대한 '돌

---
105) Neff, *Evaluating*, p. 192.
106) Janis Hutchinson, op. cit., p. 201. 허친슨도 이단들이 광범위한 욕구충족 프로그램들(extensive need-fulfilling programs)들을 가지고 있음을 지적했다. Hutchinson에 의하면 몰몬교는 의도적으로 그들의 신학 안에 세속적인 주제들(secular subjects)을 혼합시켜놓는다고 한다.

봄'이 있으며, 우애와 사랑이 있는 것이다.

다음으로 그리스도의 구속사역이 불완전하다고 이해하는 사람들이 종종 이단에 빠진다. 그러한 사람들 가운데 대부분은 '그리스는 과연 완전한 구속자인가?'라는 의문을 가지고 있었다고 할 수 있다. 그렇기 때문에 이단에 속한 자들이 그들에게 다가와서 혹은 어떠한 방법으로든 자신의 단체로 데려가서 교리를 주입시킬 때에 그 사실에 동의하게 된다고 본다.

그리고 기성교회들에 대하여 불만이 많은 사람들이 종종 이단으로 넘어가는데, 대부분의 이단들은 기성교회에 대한 '부정적인 측면들'을 공격한다. 자신들의 단체나 교리가 정당하다는 것을 옹호하기 위해서 그들은 기성교회들의 잘못들을 드러내어 혹평한다. 그들은 주로 기성교회의 목회자들과 관련된 비리들에 대해 문제시한다.

언젠가 필자가 상담한 어떤 경우에는 자신의 가족이 목회자와 관련된 어느 경우를 가지고 기성교회 전체를 공격하려고 한 어떤 사람이 있었다. 그는 자신의 가정 문제라고 했지만 이미 '반기독교 단체'에 그 정보를 전달해 주었다. 그래서 기독교에 대한 적대감을 가지고 있던 그 단체가 오히려 기독교 전체를 공격하는 근거를 제시해 준 셈이다. 이와 유사한 예는 얼마든지 있을 수 있다.

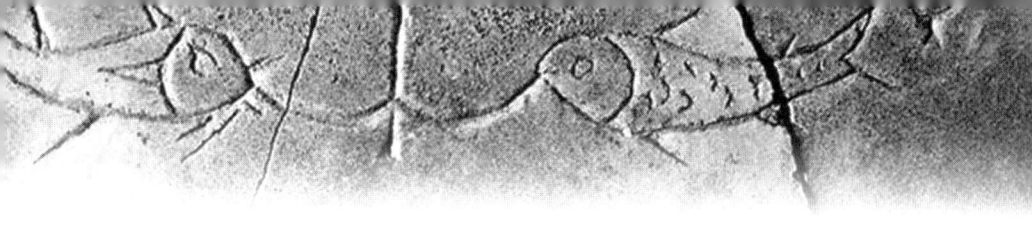

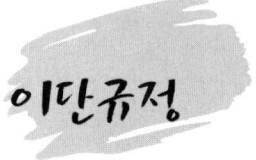

Q1. 이단인지 아닌지 어떻게 알 수 있나요? 정통과 이단의 차이는 무엇인가요?

역사 이래 인간 사회 속에는 '정통적인 것들'이 있어 왔다. 그 원초적인 것으로서의 정통적인 것은 고유의 가치를 지닌다. 정통적인 것은 그만큼 절대적 가치를 지니는 것이기 때문에 비정통적인 것이 발흥하는 사회 속에서도 인간은 '정통적인 것'을 고수하려고 하는 것이다. 기독교에 있어서도 마찬가지이다. 역사적 교회(historical Church)는 '정통적인 것'을 가지고 있다.

기독교에서 말하는 '정통적인 것'이란 절대적 규범이요 유일무이하다고 하는 의미에서의 '그 진리'인 하나님의 말씀과 그에 대한 역사적 전통적 해석과 그에 대한 신앙 고백 속에 용해되어져 있다. 정통적인 것을 소유한 역사적 교회가 그 '정통적인 것을 벗어난 비정통적인 것들'을 경계하고 변증하고 정통적인 것을 고수하려고 하는 것은 자연스러운 것이다.

정통에서 떠난 역사성 없는 비정통적인 단체들이 기독교를 오도하고 그릇된 주장들을 하지만 그러한 비정통적인 주장이나 교리들이 검정될 수 있는 것은 곧 하나님의 기록된 계시의 말씀인 '성경'이다. 역사적 기독교회는 바로 이 성경에 근거하여 무엇이 '정통적인 것'인가에 대한 일치점에 도달했다. 그 작업은 역사적 교회 회의들을 통하여 확립할 수 있었던 '신앙고백들'(Confessions)에 의해서이다.

우리는 '정통적인 노선에서 이탈한 단체들'을 가리켜 '이단'(異端, heresy) 혹은 '사이비 단체'(似而非 團體, spurious group) 혹은 '유사기독교'(類似基督敎, Christian cults) 등의 이름으로 지칭한다.[107]

물론 정통과 이단의 기준들에 대하여 생각할 때 우리들은 아주 세분화해서 접근해야 한다. 이단의 교리는 정통교리에 비추어 볼 때 드러나게 된다. 그러므로 우리는 삼위일체 사상을 포함한 신론, 기독론, 성령론, 구원론, 종말론, 교회론 등등의 주제들을 세분화시켜서 비교해 봄으

---

107) 이단을 지칭하는 용어들에 관하여는 Anthony A Hoekema의 *The Four Major Cults* (Grand Rapids, Michigan: William B. Eerdmans Publishing Company, 1986), pp. 373-374를 보라. 여기에서 Hoekema 교수는 이단 혹은 이단 분파를 의미하는 표현으로서 'sect'라는 말이 광범위하게 사용되기 때문에 'cult'라는 말을 선호하고 있음을 볼 수 있다. 여기에서 후크마 교수는 'cult' 개념에 대하여 *Webster's Third New International Dictionary*의 정의를 따르고 있다. 즉 cult라는 것은 비정통적(unorthodox)이거나 유사한(가짜의 spurious) 종교, 혹은 비정통적이거나 유사한 것으로 간주되는 신념들을 고수하는 종교 집단으로 정의되어져 있다. Cf. Irving Hexham & Karla Poewe, *Understanding Cults and New Religions* (Wm. B. Eerdmans Publishing Co., 1986), pp. 6-7. 여기에서 Hexham은 이단(cult)이 무엇인가를 정의하는 것은 어렵다는 것을 말한다. 그것은 세뇌(brainwashing)나 불길한 조작(sinister manipulation) 등과 같은 것으로 생각되어져 왔지만, 그러나 종교사회학(sociology of religion)의 역사에서 보면 그것은 다양한 의미를 가지고 있다는 것을 언급하면서 James T. Richardson, Sargant, Rond Enroth, Levine 등을 언급한다. Cf. 간혹 'sect'라는 어휘로 사용될 때 그것은 라틴어의 'secta'에서 유래한 것인데 이 말은 동사 sequi 즉 '따르다'(to follow)에서 나온 것이다. 'sect'의 의미에 대한 설명은 G. VanDooren의 "Introduction on Sects", *Test the Spirits* (Premier Publishing, 1979), pp.7-11.을 참조하라.

로써 무엇이 이단인지 알 수 있는 것이다.

한국교회의 대표적인 연합기관인 한국기독교총연합회(한기총) 이단대책위원회에서는 2004년 6월 9일과 7월 15일에 '한국장로교총연합회(한장연) 이단대책위원회와 연석 세미나'에서[108] 이단 사이비 용어 규정에 대해 토의하고 다음과 같은 결론에 도달하였다. (1) 이단 사이비 규정 기준: 이단 사이비 규정의 기준은 신구약 성경이다. 그리고 사도신조(신경)과 니케아 신조와 콘스탄티노플 신조와 칼세돈 신조와 종교 개혁 전통과 각 교단의 신조이다. (2) 이단: 이단이란 본질적으로 교리적인 문제로서, 성경과 역사적 정통교회가 믿는 교리를 변질시키고 바꾼 '다른 복음'을 말한다. (3) 사이비: 사이비란 이단적 사상에 뿌리를 두고 반사회적 반윤리적 행위를 하는 유사기독교를 말한다. (4) 이단성: '사이비'란 용어를 이단성이 있음을 나타내는 정도의 측면에서 사용한 경우는 '이단성'의 용어로 대치할 수 있다.

Q2. 이단 규정의 절차에 대하여 알려주세요.

이단 혹은 사이비 단체로 규정하는 절차에 대하여 문의하는 경우도 있다. 주로 이설 주장자들의 강의나 세미나에 다녀온 목회자가 시무하는 교회의 교인들이 문의한다. 왜 규정을 하지 않는지 반문하는 이들도

---

108) 당시 필자는 한장연 이대위의 서기이면서 한기총 이대위의 전문위원이었다. 필자의 제안이 한장연 이대위에서 받아들여지고 그 이후 한기총 이대위의 동의를 받아 함께 진행하게 된 뜻깊은 연합 토론회였다. 그 세미나에서 필자는 예장고신총회의 이단 규정에 관하여 발표했다.

있다. 그러나 이단 혹은 사이비로 규정하기에 짧지 않은 과정이 필요함을 이해해야 한다. 그 절차를 간략하게 소개하자면 다음과 같다.

먼저 자료수집의 단계가 있다. 이설 주장자의 설교나 강의를 담은 녹음테이프, 씨디, 혹은 비디오테이프, 컴퓨터 파일, 저서들이 주된 자료이다. 그리고 그러한 주장들에 대한 비판의 글들도 부차적인 자료가 될 수 있다.

다음 단계로는 그 자료들을 분석 연구하는 단계이다. 필자의 교단의 경우 그것은 상담소장인 필자 자신에 의하여 1차 연구 작업을 거친다. 그러나 1차적인 조사와 연구 작업 이후에는 이단대책위원회(유사기독교연구위원회)에 회부되어 위원들의 검토가 있게 된다.

그 상태에서 이단성이 있는 것이 명확하게 드러나면 위원회에서 결의하여 총회로 상정하고 총회에서 결정하게 된다. 그러나 위원회에서 검토한 후 신학적으로 미묘한 사안일 경우 신학대학원 교수회로 의뢰하는 것이 상례이다.

다음으로 생각할 문제는 '규정의 단계들'이다. 필자의 교단에서는 그것을 규정이라고 할 수도 있지만 또 그렇지 않게 생각하는 가장 약한 단계가 있는데 그것은 '주시' 단계이다. 그야말로 좀 더 지켜본다는 뜻이다. 신학적으로 명확하게 이단이라고 할 수 없지만 그러나 교단의 신학적 교회 행정적 방향과는 차이를 드러내는 단체나 개인을 향한 가장 약한 단계의 규정이라고 할 수 있다. 다음 단계로는 '참여금지'의 단계가 있다. 참여금지를 시킬 때는 주로 교역자들과 교인들 모두 참여하는 것을 금한다고 표현한다. 다음 규정의 단계는 '이단성 혹은 사이비성'이 있다고 하며, 그 다음 단계로는 그야 말로 '이단'이라고 하는 규정이다. 극단적이며 반기독교적이며 성경적 사상에서 완전히 떠난 단체에 대해서는 여러 규정의 단계를 밟지 않고 바로 '이단'으로 규정한다.

인간론

Q1. 사람은 점점 하나님이 되어간다는 말이 맞나요?

"목사님, 사람은 점점 하나님이 되어가는 것이 맞나요?" 이러한 상담은 주로 두 부류의 이단들에 관련하여 들어오는데, 결국 그것은 인간론에 대한 그릇된 전제에서부터 시작하고 있는 것이었다. 사람은 하나님이 아니다. 그리고 사람은 하나님이 되어가는 것이 아니다. 하나님은 최고의 경지에 올라선 인간이 아니다. 하나님은 한때 인간 같은 존재가 아니다. 인간은 하나님의 존재와 같이 변하는 것이 아니다. 어떤 이단은 신인합일(神人合一)을 추구하면서 주장하기를 "하나님과 연합함으로써 사람이 하나님과 똑같이 되어야 한다."고 한다. 혹은 그와 유사한 사상을 전개하는 이들이 있다. 그러나 결코 사람은 하나님이 될 수 없다. 하나님은 창조주이시고, 사람은 피조물일 뿐이다. 제임스 패커(James I. Packer)가[109] 말한 것처럼, 창조자와 피조물의 구분은 하나님에 관한 오해를 불식시킨다. 사람은 하나님에 의하여 지음을 받은 존재이므로 그 하나님께 영광을 돌리며 살아야 하는 존재이다.

이단들이 어떠한 논리로 그 사실을 증명하려 한다고 할지라도, 성경은 결코 인간은 하나님이 될 수 있다는 생각을 가르치지 않는다. 창세기 1장에서는 분명히 말씀하시기를, "하나님이 자신의 형상과 모양대로" 인간을 지으셨다는 사실을 밝히고 있다. 여기서 '형상' 이라는 말과 '모양' 이라는 말은 동일한 의미를 전달하는 용어의 반복 어법이다. 이 말씀을 통하여 명백하게 드러나는 것은 하나님은 창조주이시며, 인간은 피조물이라는 사실이다. 하나님께서는 다른 모든 피조물들을 창조하신 후에 인간을 남자와 여자로 창조하셨다는 것이다. 인간을 이성이 있는 불멸의 영혼들로 지으셨으며, 하나님의 형상을 따라 지식과 의와 거룩이 부여되었다.[110]

그렇기 때문에 인간이 하나님처럼 되어간다고 가르치는 류의 이단들에 현혹되어서는 안 될 것이다.

---

109) 이 표현은 그의 사도신경 교재에서 나타난다.
110) WMC 4:2; BC 12 만물의 창조 (The Creation of All Things); BC 14 인간의 창조와 타락 (The Creation and Fall of Man)

전통종교

Q1. 성경에 나오는 하나님은 한국 신화에 나오는 '한울님' 이 맞나요?

각국의 이단교주들이 그들이 태어난 나라의 문화 속에 기독교를 용해시켜 재해석하는 경우가 빈번하게 발생한다. 자신들의 태어나거나 활동하기 시작한 지명을 신성시하거나 재림 시 새 하늘과 새 땅이 될 것이라고 주장하기도 한다. 그리고 그들은 그들의 고유한 전통문화 내의 어떤 종교와 기독교를 접맥하려고 시도하기도 한다. 이러한 시도는 비단 이단교주들에게서만 발견되는 것만은 아니며, '정도를 벗어난 극단적인 토착화 시도' 에서도 나타난다고 할 수 있다. 신학적인 훈련을 받은 이들도 때때로 이러한 오류를 범하기도 하지만 그렇지 않은 이들이 이러한 경향을 더욱 많이 가지고 있다고 할 수 있다.

한국교회사에 있었던 그러한 경향의 한 예를 들어보자. 가령 '2천 년 전통교리에 이상 있다'고 주장하면서 성경의 정통교리를 부인하고 자신의 주장이 옳다고 주장한 어떤 이는 말하기를, 한국의 전통 문화에서 견지되어져 오고 때로는 숭배되는 '한울님'이란 바로 성경의 '하나님'과 동일하다고 주장했다. 그리고 한국인들의 조상들이 섬긴던 그 하나님이 오늘의 우리가 섬기는 하나님이 틀림없다고 했다.[111]

그러나 이상과 같은 주장은 기독교의 정통적 성경해석에서 떠난 극단적인 자의적 해석임에 틀림없다. 그 외에도 극단적인 토착화 신학자들이 빚어낸 오류들은 비성경적인 자유주의 사상이었음은 재론할 여지가 없는 것이다.

종말론 ('내세론' 참조)

죄론 ('회개론' 참조)

---

[111] 그는 말하기를, 한민족이 하나님께 제사 드린 유래와 방식이 이스라엘 백성과 다름이 없는데 왜 이스라엘이 섬긴 하나님은 진정한 하나님이라면서 우리 조상이 섬긴 하나님은 미신적으로 간주해야 하는 이유를 알고 싶다고 했다. Cf. 한기총, op. cit., pp. 30-31.

Q1. 하나님은 사람을 두 차례에 걸쳐서 지으셨나요?

K씨에 의하여 주장된 교리와 관련된 상담이었다. K씨의 가르침에 의하면 사람은 두 차례에 걸쳐 지어졌다는 것이다. 그는 창세기 1장의 인간과 2장의 인간이 서로 다르다고 주장했다. 1장의 인간은 혼과 몸만을 가진 동물의 자웅을 칭하는 것이며, 2장에 나오는 인간은 그 중에서 뽑힌 개화된 인간 즉 영을 가진 존재라고 했다.[112] 즉 아담이 처음 창조된 사람이 아니고 그 이전에도 사람이 있었다고 하면서 "남자가 부모를 떠나 그 아내와 연합하여 둘이 한 몸을 이룰지로다"라고 한 창세기 2장 24절의 말씀을 인용하고 있다. 하와는 아담의 갈빗대로부터 나왔다고 하더라도, '부모를 떠나' 라는 말을 염두에 둘 때 아담에게는 부모가 있었다고 추론해 내는 것이다. 그러한 견해에 의하면 이미 1장에서 창조된

---

112) Ibid., p. 29, 150. 이 사상은 예장고신(1991), 합동(1991), 통합(1992), 합신, 기성, 기침(1987), 기감 등에 의하여 규정되었다.

사람들은 하나님이 복을 주신대로 생육하고 번성하며 땅에 충만해 가는 중이었으며, 아담도 부모에게서 태어나 여느 사람들과 다름없이 살아가던 존재였다고 한다. 그런데 어느 날 하나님이 택하셔서 생기 곧 영을 불어넣으심으로 외관상으로는 그 부모나 이웃 사람과 다름이 없되 본질로는 전혀 다른 영적인 사람이 되었다고 하는 주장이다. 이러한 사상은 창세기의 창조 본문들을 자의적으로 해석한 것이다.

Q2. 하나님이 무에서 유를 창조하실 때, 이미 '원소' 같은 것이 있었나요?

이 질문은 기독교의 창조론을 정확하게 이해하지 못하고 있을 때에는 그런가 보다 하고 넘어갈 수 있는 사안에 속하는 것일 수 있다. 단적으로 말해 하나님이 창조하실 때 어떤 유무형의 재료는 없었다고 보아야 한다. 기독교회는 어거스틴(Augustine)의 『고백록』12.7에서도 강조된 바 있는 것처럼 애초부터 무로부터(ex nihilo)의 창조를 가르쳐왔다.[113] 기독교에서 말하는 무에서부터의 창조(Creation out of nothing)는 엄격한 의미에서 볼 때, 벌코프가 잘 정의한 바와 같이, "하나님 자신의 주권적인 의지에 의하여 자신의 영광을 위해, 태초에 모든 가시적이고 불가시적인 우주를, 이미 있는 재료를 사용하지 않고 생기게 하시고, 그리하여 자신과 구별되면서도 언제나 자신에게 늘 의존하는 실체가 되게 하신 하나님의 자유로운 행동"으로 정의될 수 있다.[114]

벌코프는 창 1:1의 창조사역의 시작 기록에 관하여 말하기를, "분명히 하나님이 기존 재료로부터 세계를 생성하신 것으로 묘사하지 않는다."고 하면서 그것이 바로 엄밀한 의미에서의 무로부터의 창조임을 재강조한다.[115]

그런데 모 단체에서 가르치기를, 창조 시에 어떤 재료 즉 그들의 표현에 의하면 '원소'와 같은 기존의 어떤 것을 사용하여 지으셨다고 하는 것은 개혁신학에 위배되는 견해이다. 어거스틴(Ausustine)이 『참종교론』 18에서 "세상이 아직 형태를 가지지 못한 어떤 질료에서부터 만들어진 것이라고 한다면 그 질료는 전적인 무에서부터 만들어졌을 것"이라고 한 것처럼, 기독교는 '무' 속에 어떠한 것도 포함시키지 않는다. 마치 위에서 주장하는 것처럼 창조 시에 어떤 재료가 있었다고 주장하는 것은 인간의 합리적 추론에 호소함직 하지만 성경적이지 못하며, 나아가서 말씀이 본래 전달하고 있는 바에서 벗어난 것이다.

---

113) Augustine, *The Confessions*, p.177. "당신께서 이것들을 창조하실 때에 당신 이외에는 아무 것도 존재하고 있지 않았습니다. 그러므로 당신은 무로부터 창조하셨습니다." Cf. Berkhof, *Systematic Theology*, p. 126. 벌코프도 기독교가 아주 시초부터 무로부터의 창조론과 하나님의 자유로운 행동으로서의 창조론을 가르쳐왔다는 사실을 언급하면서, 이 교리는 처음부터 전혀 이의없이 받아들여진 것임을 지적한다.
114) Ibid., p. 129. 여기에서 벌코프는 'without the use of preexistent material'이라는 표현을 정의 속에 포함시키고 있음을 주시하라.
115) Ibid., p. 133.

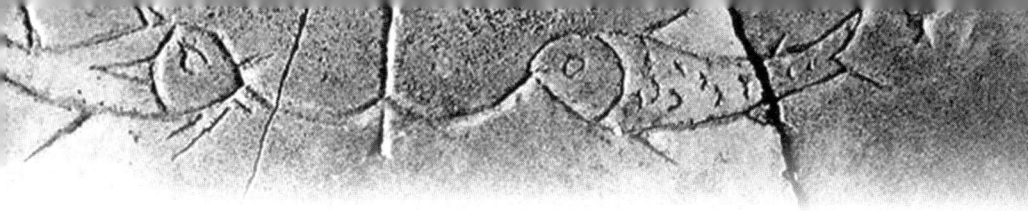

'귀신론' 도 참조하세요.

Q1. 우리가 기도하면 천사를 동원할 수 있나요?

이것은 소위 '천사동원권'으로 알려진 주장에 관계된 상담이다. 국내는 물론 해외에서도 종종 문의가 들어오기도 했는데, 이 견해는 R씨와 관련된 것이다. 그는 전도훈련 책자들 속에서 사명자에게는 7가지 축복이 주어진다고 주장했다. 그 축복들 가운데 바로 이 천사동원권이 언급되었다. "기도할 때 성령께서는 천사들을 사용하신다. 우리는 기도로 천사들을 사용할 권세가 있다."는 발언을 포함하여, "이 집회에 하나님의 천군 천사들을 동원하시며…"라는 표현들을 사용했다. 그런가하면 그는 말하기를 "천사동원, 성경에 있지 않습니까?… 성경에 중요할 때마다 나오는데 왜 성경을 부인합니까? 성경에 있어

요. 그리고 이 응답을 우리는 지금도 받을 수가 있어요."라고 말하기도 했다.[116]

그러나 하나님께서 천사를 동원하시고, 또 전도하러 가면 천사를 동원하신다면서, 그는 사도들이 전도 사역의 현장에서 천사의 도움을 전혀 받지 못한 듯한 경우도 많이 있었음을 언급하지 않는다고 비판받기도 했다.[117]

Q2. 천사들에 대해 이상한 이야기를 들었어요.

주일학교를 섬기던 어느 청년으로부터 문의가 들어왔다. 미주에서 파송되어 들어온 누군가가 천사에 대하여 설명하는 가운데 기쁜 일 하는 천사, 하늘로 올라가는 천사, 환상 중에 십자가를 드는데 어떤 학생이 도와주더라는 얘기 등을 했다는 것이다. 우리는 천사의 존재를 인정한다. 그러나 '환상 중에 십자가를 드는데 어떤 학생이 도와주더라' 는 식의 성경적이지 못한 신비적 묘사에는 동의할 수 없다. 신비적 추구로 치우칠 위험성이 다분하다.

---

116) 『바른신앙』제2집(예장고신 유사기독교 상담소), pp. 22-23. 「고려신학대학원 교수회 연구보고」.
117) Ibid.

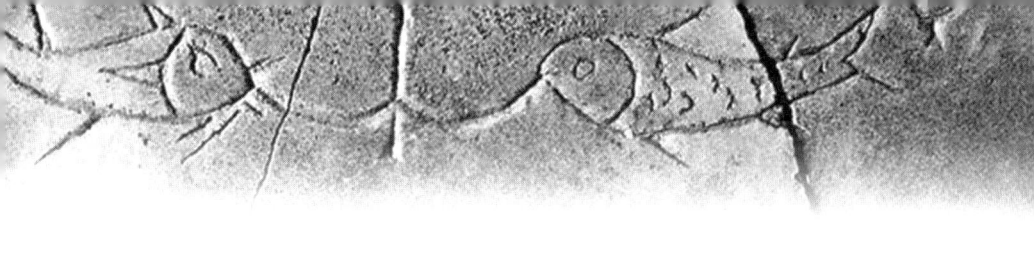

침투전략

Q1. 개혁측 어느 교회라고 하는데 제 친구에게 과천 지역 이단으로 알고 있는 단체에 참석하라고 한답니다.

이단들은 기성 교단의 명칭을 사용하고 있다. 대표적인 경우가 '장로교'이다. 그만큼 보편적인 교파이기 때문이다. 장로교 가운데도 무슨 측이냐고 물으면 '예장ㅇㅇ총회', '고신ㅇㅇ', 'ㅇㅇ고신', '합동ㅇㅇ', '초교파기독교ㅇㅇ회' 등등의 명칭을 사용하지만, 실제로 조사를 요청해서 각 교단에 문의해보면 그러한 교회는 없는 것으로 드러나는 적이 종종 있다. 그리고 이단들 중에는 그들의 교회 간판을 자주 바꾼다. 자신들의 정체가 드러나게 될 때는 다른 이름을 내걸고 포교활동을 해야 하기 때문이다. 그러므로 성도들은 교회 간판만 쳐다보지 말고 그곳에서 조금이라도 기성교회의 교리와 다른 설교나 가르침이 발견될 때는 담임목사님이나 이단상담소나 이단전문연구기관에 문의해 봐야 한다.

Q2. 이제 그 이단은 해제되었나요? 이제 그 단체는 더 이상 이단이 아닌 것이 분명한가요?

어느 여청년의 상담이었다. 이제 ○○파는 해제되었나요? 어느 책자에서 이상이 없다고 했다더군요. 그것은 YJY측에서 출판한 『정통과 이단』이라고 한 책자와 관련된 상담이었다. 기성교회에서 이단 혹은 사이비 단체라고 규정한 일부 단체들에 대하여 그 측에서는 그 책자를 통하여 이상이 없다고 반대 발표를 했기 때문이었다. 당시 그 책이 출판되었을 때 필자는 국민일보와의 인터뷰를 통하여 한기총과 한장연과 같은 연합기관을 배제한 이러한 이단 해제는 있을 수 없으며, 혹시 해제해야 할 경우에라도 공식적인 절차가 필요함을 역설한 바 있다.[118]

그러나 이단 규정이라는 것은 각각의 교단들이 자신들의 정통적인 신학의 기초 위에서 행해지는 것이니만큼 해제하더라도 각 교단이 공식적 절차를 밟아서 하게 될 것이다. 각 교단들의 이단대책위원회들과 신학위원회 등은 해당 교단의 신학 교수들의 연구 혹은 조언을 받아가며 연구하기 때문에 그만큼 치밀한 것임을 잊지 말아야 할 것이다.

---

118) 「국민일보」, 2004. 6. 25.

Q3. 영어성경공부를 가르쳐 주겠다고 하는데요?

　최근 정보에 의하면 도회지의 번화가나 젊은 층들이 자주 모이는 곳 즉 교회가 아닌 제3의 장소에서 이단들이 성경공부를 시키고 있다. 개중에는 간혹 유학 경험이 있는 이들만을 위한 영어성경공부가 있기도 한 것으로 전해진다. 이단들의 어학을 통한 포교전략은 점점 활기를 띠고 있는데, 그 중에서도 '영어'를 가르치는 것을 통한 포교가 지배적이라고 할 수 있다. 영어말하기 대회나 영어 학원을 통한 포교 등등이 그것이다. 그들의 대상은 비단 청소년이나 대학생들뿐만 아니라 주부들까지도 포함된다. 언젠가 B지역에서도 어느 주부에게 영어를 가르쳐 준다고 하면서 접근한 이단이 있었다. 그러므로 교회는 성도들에게 이 부분에 대하여 교육시킬 필요가 있다.

Q1. 한 번 죄 용서받으면 다시는 회개하지 않아도 되나요?

이것은 소위 구원파적인 가르침과 연관된 상담이다.[119] 물론 구원파가 아니라 할지라도 이러한 생각을 가진 이들이 있음을 필자는 간접적인 제보들에 의하여 접한 바 있다. 한때 필자가 조사하고 있는 어느 목사의 경우도 구원파적인 사상을 견지하고 있는 듯했다. 그러한 이들의 집회에 참여하면 할수록 죄에 대한 죄책감 같은 것은 생각하지 않게 된다고 한다. 과거와 현재와 미래의 죄를 다 용서받았으니 영원한 속죄가 이뤄진 것에 감사하라는 것이다.

그들이 그렇게 주장하는 이론적 근거는 무엇인가? 그 이유는 그들이 소위 (원)죄 문제만 해결하며 죄사함을 얻게 되며, 자범죄에 대해서는 회개할 필요가 없다고 하는 사상을 가지고 있기 때문이다. 그러면 그들은

---

119) 구원파적인 가르침에 대하여는 기성(1985), 고신(1991), 통합(1992), 합신, 합동 등에서 규정한 바 있다.

왜 죄사함을 받고 거듭나 구원받으면 다시 회개할 것이 없다고 하는 것인가? 그것은 '죄'와 '범죄'를 별개의 다른 개념으로 이해하고 있기 때문이다. 손가락이 빠지고, 눈썹이 빠지고, 코가 일그러지는 것은 한센씨 병[120]이 아니라 한센씨 병의 증상이라고 한다. 그리고 도둑질, 거짓말, 살인 등은 '죄가 아니라 죄 때문에 일어나는 죄의 증상 즉, 범죄'라는 것이다. 죄의 문제를 해결해야 하는데도 '죄'는 그냥 두고 죄의 결과로 나타나는 범죄를 회개한다고 하는 것은 죄 사함을 받지 못하고 구원을 받지 못했기 때문이라고 한다.

그러나 성경은 '죄'와 '범죄'를 구분하지 않는다. 요한1서 1장에서 '죄'와 '범죄'라는 용어를 사용할 때, 그것은 '하마르티아(hamartia, 죄)'라는 말과 '하마르티노(hamartano, 죄를 짓다.)'라고 하는 두 개의 단어이지만 둘 다 '동일한 의미'를 전달하고 있음을 알 수 있다. 즉 한 단어는 동사로 사용되고 다른 한 단어는 명사로 사용되고 있을 뿐이다. 그럼에도 불구하고 그들은 어원적 접근을 하지 않은 채 이 두 단어를 전혀 별개의 개념으로 이해하고 있는 것이다.

어거스틴(Augustine)도 신자들이 기도를 통하여 매일매일의 순간적이거나 하찮은 죄(daily sins of a momentary and trivial kind)를 용서받게 된다고 말했거니와,[121] 개혁자들을 비롯하여 정통적인 신앙고백서나 교리문답 등이 자범죄를 회개해야 함을 언급하고 있다. 먼저 죄에 대한

---

120) 그들은 문둥병이라는 용어를 사용하고 있으나, 필자가 한센씨 병을 앓고 있는 이들의 견해를 존중하여 이렇게 표기한다.
121) Augustine, *Enchiridion*, LXXI, NPNF, vol. 3. p. 260; Cf. John Stott, op. cit., p. 135. 우리는 단번에 의롭게 되어질 수 있지만, 그러나 우리는 매일(every day) 용서받아야 할 필요가 있다는 사실에 대하여 설명하고 있다.

이해를 돕기 위하여 『웨스트민스터 신앙고백서』를 살펴보자. 6장 4-6절에서는 '인간의 죄'에 대하여 다음과 같이 말하고 있다:

- 4절- 우리가 모든 선에 대하여 철저히 무관심하고 무능하며 대립하게 되고, 그리하여 전적으로 모든 악으로 기울게 된 이 최초의 오염으로부터 모든 자범죄가 나온다.
- 5절- 이 본성의 오염은 중생된 자에게도 현세 동안에 머문다. 비록 그것이 그리스도를 통하여 용서되고 죽여지지만, 그럼에도 불구하고 그 자체와 거기에서 나오는 모든 행동은 참으로 그리고 당연히 죄이다.
- 6절- 원죄와 자범죄를 포함한 모든 죄는 하나님의 공의로운 법의 위반과 상반이기 때문에 그 자체의 본질상 죄인에게 죄책을 가져오며, 그것에 의해 그는 하나님의 진노와 율법의 저주에 넘겨져 얽매이고, 그리하여 모든 영적, 시간적 및 영원적 비참들과 함께 사망에 종속하게 되었다.

여기 이 고백서의 조항들이 명백하게 제시하고 있는 것이 무엇인가? 그것은 신자들이 "원죄와 자범죄를 포함한 모든 죄는 하나님의 공의로운 법의 위반과 상반되는 것"이라고 한다. 그러므로 '자범죄'의 문제 역시 회개를 통하여 해결되어져야 하는 것임을 시사하는 표현이다. 그리고 우리는 『웨스트민스터 신앙고백서』 15장의 "생명을 얻는 회개" 부분의 5-6절을 통하여 인간은 자범죄를 회개해야 한다는 사실을 보게 된다. 여기서는 '죄' 문제를 고백해야 할 것을 다음과 같이 명시하고 있다:

5절- 누구든지 전체적으로 회개했다고 해서 스스로 만족해서는 안 되고, 특수한 죄를 개별적으로 회개하도록 노력하는 것이 각 사람의 의무이다.

6절- 각 사람은 자기 죄의 용서를 위해 기도할 때 하나님께 그것을 사적으로 고백하여야 하며 그렇게 기도하고 그 죄를 버림으로 해서 그는 자비함을 얻을 것이다. 그의 형제나 그리스도의 교회를 중상한 자는 그의 죄를 사적으로든지 공적으로든지 고백하고 사과함으로 그의 회개를 피해자들에게 공표하여야 한다. 이렇게 할 때 피해자들은 그와 다시 화목하고 사랑으로 그를 영접하여야 한다.

6절에서 말하고 있듯이, 인간은 원죄를 포함한 자범죄들에 관하여 "자기 죄의 용서를 위해 기도할 때 하나님께 그것을 사적으로 고백하여야" 한다. 그리고 특히 '형제' 나 '그리스도의 교회'를 '중상한 자'는 그러한 그의 (자범)죄를 사적으로든지 공적으로든지 고백하고 사과해야 한다고 명시한다. 그러나 이 표현이 일부에서 주장하듯이 '죄의 공개적 자백'을 일반화시키는 근거는 될 수 없다. 왜냐하면 죄가 용서받기 위해서는 원칙적으로 '하나님께 사적으로 고백하여야 하기 때문'이며, 5절에서도 말하고 있듯이 '자신의 죄들(sins)을 낱낱이 고백해야 하기 때문'이다.[122]

이처럼 성경과 신앙고백서들이 한결같이 인간의 자범죄에 대한 회개

---

122) WMC 15.5. "Men ought not to content themselves with a general repentance, but it is every man's duty to endeavor to repent of his particular sins particularly."

가 있어야 할 것을 명시하고 있으므로 우리들은 한 번 회개한 자는 다시는 회개할 필요가 없다고 하는 구원파적인 생각을 인정할 수 없는 것이다.

Q2. 죄를 공개적으로 자백해야 하나요?

근본적으로 죄는 하나님께 고백하여 용서를 구해야 한다. 때로는 성령님의 역사하심 속에서 공적으로 회개할 경우도 있을 수 있다. 그럼에도 불구하고 죄를 공개적으로 자백해야 하는 것을 의무화시켜서는 안 된다. 우리 사회에는 죄의 공적 자백을 의무화하려는 움직임이 있다. 이 움직임에 대해서는 벌써 여러 비평들이 가해졌으며 필자가 속한 교단에서는 규정이 내려지기도 했다. 그러면 그 단체는 무엇을 주장했는가? 그 단체의 주장들 중 몇몇 부분은 다음과 같다: "만일 우리가 공개적으로 죄를 자백하는 것을 부인하고 하나님 앞에서만 은밀하게 하면 된다는 마귀의 속임수에 동의한다면 그것은 하나님의 성령의 역사를 부인하는 일이요, 앞서 언급한 성경의 기록에 도전하는 일이요, 주님이 역사하셨던 부흥의 놀라운 역사를 백안시하는 죄를 범하게 되는 것이다." "사함 받았음에도 불구하고 자백하기를 꺼리는 사람, 사람들 앞에 죄를 내놓기를 꺼리는 사람은 아직도 피를 100% 믿지 않는 사람이에요." "회개는 하였으나 사람 앞에 고백하지않아 마음을 짓눌렀던 저에게 간음의 죄, 살인의 죄, 거짓말한 죄의 고백을 통해 무거운 마음은 주님께서 주시는 가벼운 마음이 되었습니다."

이상과 같은 주장들은 여러 각도에서의 비평을 면하지 못한다. 비록 그들이 주님 앞에서 진정으로 낮아지며 죄에 대한 철저한 해결을 위하여 노력하는 모습은 보일지라도, 하나님 앞에서 고백한 것만으로는 미흡하다고 하는 견해가 저변에 깔려 있음을 알게 된다. 우리들 중에 하나님 앞에서 범죄하지 않은 사람이 누가 있겠는가? 사람들은 전혀 모르고 있지만 우리 자신들은 추악한 죄들을 범하지 않았던가? 우리는 그 죄들을 주님 앞에 내 놓고 용서를 빌었고 주님은 그의 보혈의 공로로서 씻어 주셨다. 물론 주의 영의 강권하심에 의하여 어떤 경우에는 범죄로 인하여 피해를 본 이들에게 용서를 구할 때가 있다. 그러함에도 불구하고 죄의 공개적 자백을 '의무화하는 것'은 거룩한 교회에서 가르쳐 온 속죄의 교리에서 벗어난 것이 분명하다.

공개적인 죄 자백 사상에 대하여 고신교단은 54회 총회(2004)시에 그것을 주장하는 이유에 대하여 다소 긍정적인 측면을 인정하면서도, 그것이 건덕이 되지 않는 결과들을 종종 야기시키며 성경이 의무화하지 않는 것을 극단적으로 강조한다는 차원에서 경계해야 할 것을 결의한 바 있다.[123]

---

123) 「고려신학대학원 교수회 연구보고서」(2004. 9. 22)의 결론 부분은 다음과 같다: "... 현대 기독교인들의 패역과 교만과 죄악의 문제점에 대한 각성을 고무시키는 긍정적인 면이 있다. 패역한 세대는 자기의 죄를 통분히 여기고 하나님께 고백하며 그러한 맥락에서 사람들 앞에서 공개적으로 자백하는 일은 귀한 일이다. 그럼에도 불구하고 그것이 건덕이 되지 않고 여러 가지 역작용을 일으키며 성경이 의무화하지 않는 것을 극단적으로 강조한다는 점에서 공개 죄 자백 사상은 경계해야 한다."

Q3. 하나님이 죄의 원인을 제공하셨나요?

이것은 신학적인 문제이다. K씨는 주장하기를 선악과를 먹는 순간 예수 그리스도의 필요성이 생기게 되었다는 말은 하나님께서 사탄을 멸망시키기 위하여 인간을 창조하셨기 때문에 사탄을 멸망시키려면 예수 그리스도가 오셔야 하는데 예수 그리스도께서는 인간이 타락해야 오실 수 있으니 결국 선악과를 먹어야 하고 먹을 수밖에 없었다고 했다.[124] P씨도 말하기를, "기존 신학에서는 하나님께서는 하는 수 없이 아담의 죄를 허용 또는 묵인 하실 수밖에 없었다는 구차한 변명(허용적 작정) 밖에는 할 수 없는 실정"이라고 했다. 자기 외에는 "지금까지 누구도 아담의 타락을 하나님의 작정 섭리라고 설명하지 못하고" 있다고 주장했다.

그는 "아담 타락은 이미 구원을 전제로 한 하나님의 계획된 주권 섭리"라고 주장했다. 즉 하나님께서는 그리스도 안의 풍성한 은혜를 받게 하기 위하여 아담이 타락하도록 작정하셨다는 것이다. 그러므로 아담의 타락은 불가피했다는 주장이었다. "아담의 타락은 피할 도리가 없었습니다. 그것은 작정된 사건입니다."라고 하는 주장을 반복했다. 그러나 그는 첫 사람 아담의 본래적인 의로움(original righteousness)의 참된 의미를 온전히 밝히지 못했음을 고려신학대학원 교수회 연구보고서에서는 지적하고 있다.[125]

그는 성경에 계시된 하나님의 공의와 거룩성을 심각하게 손상시키는

---

124) 대한예수교장로회총회(통합) 편, op. cit., pp. 135-136.
125) 「고려신학대학원 교수회 보고서」(2001.9.17), p. 2.

결과를 초래한 것이다. 왜냐하면 그의 주장처럼 하나님께서 원래 인간을 타락이 불가피한 존재로 지으셨다면 죄의 책임이 하나님께 돌아가지 않을 수 없기 때문이다. 물론 그는 죄의 책임이 전혀 하나님께로 돌아가지 않는다고 주장한다. 하나님의 창조주가 되시며 만물의 주재자 되시기 때문이라고 했다. 그러나 그는 아담에게 죄를 짓지 않을 수 있는 충분한 능력이 있었다는 사실을 간과해 버리고, 아담이 죄를 지을 수밖에 없는 존재였다는 것을 강조함으로써 하나님을 죄의 원인을 제공한 이로 만드는 오류를 범한 것이다.[126]

Q4. 회개한 표시로 감사헌금을 해야 하나요?

P씨는 회개함에 있어서 몇 단계로 나눠놓고 네 번째 단계로서 입술로만 감사할 것이 아니라 감사헌금을 해야 한다고 주장했다. 감사헌금을 해야 4단계 회개가 완성된다는 것이다. 감사헌금을 하지 않으면 잠시 후에 마귀가 와서 은혜를 쪼아먹기 때문에 완성에 이르지 못한다는 주장이었다. 이에 대하여 예장통합에서는 1999년 제88회 총회 시 '비성경적 사이비적 요소가 많음'을 직시하여 주시한 바 있다.[127] 또 J씨 같은 경우에도 회개의 표시로 헌금을 하기도 하는 것으로 파악되는데, 이와 같은 현상들은 결단코 정당화될 수 없다. 성도가 하나님께로부터 받은바 은

---
126) Ibid., p. 4.
127) 한기총, op. cit., pp. 58-59. "즉 그는 성화를 위한 회개를 너무 강조한 나머지 4단계 회개를 구원의 조건으로 삼는 오류를 범한 것이었다. 회개를 지나치게 인위적으로 구분한다는 문제점을 지니고 있을 뿐만 아니라, 구원에 있어서 하나님의 은혜를 약화시키고 인간 행위를 강조하므로 율법주의적이고도 인본주의적이다."

혜에 대하여는 얼마든지 감사드려야 한다. 그러나 죄를 회개할 때마다 감사헌금을 드려야 한다는 것은 설득력을 얻지 못한다.

Q5. 중생한 영은 죄를 짓지 않나요?

언젠가 들어온 상담인데 그것은 아주 신학적인 주제와 관련된 것이었다. 이것은 인간에 대한 이해와 중생에 대한 이해가 연관되어 있는 문제이다. 주로 삼분설(trichotomous theory)을 주장하는 측의 주장으로서 삼분설 주장자들은 대체적으로 인간을 영, 혼, 육 혹은 영, 마음, 몸이라고 하는 도식을 가지고 있다. 그렇게 구분하는 이들 가운데 어떤 이들은 중생한 '영'은 범죄하지 않는다고 주장한 바 있다. 그들이 말하는 '영'이란 이분설에서 주장하는 '영혼'과는 다르다. 이분설(dichotomous theory)에서는 인간을 영혼과 육신을 가진 존재로 묘사한다. 비록 성령께서 충만하게 다스릴 때에는 그렇지 않게도 되지만 중생한 영혼은 전혀 범죄치 않는다고 주장하지는 않는다. 그러나 위의 경우와 같은 삼분설 주장자들은 중생한 영은 범죄치 않는다는 것이다. 즉 중생할 때 죄로 인하여 죽었던 사람의 영이 다시 살아나며 그 영은 범죄치 않는다는 견해이다. 그들은 롬 8:1에 근거하여 영은 중생될 때 단번에 구원받으며 영원히 그 모든 죄 문제가 해결되었다고 한다. 그리고 롬 6:12-22에 근거하여 몸과 마음은 평생 믿어가면서 고치고 훈련을 시켜야 하는 존재라고 한다. 즉 몸과 마음은 복합체로 된 물질이므로 평생 동안 계속하여 성화되어가야 한다는 것이다.

'중생된 영'이 범죄치 않는다고 하는 주장의 근거로는 롬 8:1; 요일 3:6-9, 5:18 등이다. 그런데 가령 요일 3:6-9에는 '중생된 영'이라는 말이 나타나지 않는다는 사실이다. 오히려 '하나님께로서 난 자'라고 하는 표현이 등장한다. 6절부터의 이 말씀이 의미하는 바는 거듭난 신자는 성령의 은혜로 범죄하지 않게 된다는 것이다. 전통적으로 볼 때 인간이 영혼과 육체로 구성된다고 하는 이분설이 지배적이다.

어거스틴(Augustine)은 사람이 영혼과 육체로 만들어진[128] 이성적인 실체(rational substance)라고 했다. 사람은 육체가 아닌 영혼과 영혼이 아닌 육체를 가지고 있음에 의심의 여지가 없다고 한 바 있다.[129]

칼빈(Calvin) 선생도 『기독교강요』에서 영혼과 육체의 구분에 관하여 다음과 같이 언급하고 있다: "만약 영혼이 육체로부터 분리되어 있는 어떤 종류의 본질이 아니라고 한다면 성경은 우리가 흙으로 된 집에 살고 있다거나(욥 4:19) 죽을 때에 육신의 장막을 떠나간다는 말을 하지 않았을 것이다(고후 5:2; 벧후 1:13이하)."[130] 칼빈 선생은 계속하여 "영혼과 육체를 분명하게 구분했을 뿐만 아니라"고 하면서 영혼과 육체의 구별이 있음을 시사했다.

그러나 우리는 여기에서 인간 이해에 관한 보다 폭넓은 통찰력을 위하여 유해무 교수의 주장을 고려할 수 있겠다. 유교수는 『개혁교의학』에서 이 주제를 심도 깊게 고찰하고 있는데, 그에 의하면 인간을 3분설이나 2분설에 의하여 파악하기 이전에 비록 육체적인 측면과 비(非)육체적인 측면이 있긴 하지만, 전체적으로 하나의 인격체로 보아야 한다는 것이다.[131] 즉 하나님 앞에 서 있는 인간 그 자체로서의 인간 즉 '전인'(全人)으로[132] 파악할 수 있어야 한다는 것이다. 그러나 우리가 인간을 어떻게 구분하여 이해하려고 하더라도 간과할 수 없는 부분이 있다면 그것은 비록 중생한 후라도 인간은 범죄할 가능성이 있으며 그러한 자범죄들에 대하여 하나님께 회개해야 하는 존재라는 사실이다.

---

128) Augustine, *Of the Morals of the Catholic Church* IV.6-V.7. NPNF, vol.4, pp.42-43.
129) Augustine, *On the Trinity*, XV.7.11, NPNF, vol.3, p.204.
130) Inst.I.xv.2.
131) Inst.xv.2
132) 유해무, Op.cit., p.251.

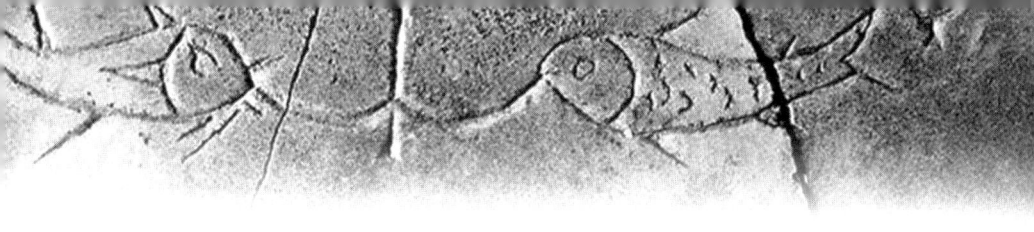

1. 직통계시와 계시의 종료성 문제에 대한 개혁주의적 입장
2. 직통계시 형태에 대한 칼빈의 견해

1. 직통계시와 계시의 종료성 문제에 대한 개혁주의적 입장

    대부분의 이단 주창자들은 정경으로 간주되어온 '성경'에는 부족한 면이 있다고 간주한다. 그래서 자신들의 주관적인 체험과 해석을 절대화하여 그것을 마치 '성경과 동일한 권위'를 지니고 있는 것처럼 여긴다.[1] Hoekema 교수는 이단들의 특징들 중의 첫째로 바로 이 부분을 지적하고 있다.[2] 그는 이단들의 이러한 특징을 설명하면서 Hutten의 말을 언급하고 있다. 즉 Hutten은 바로 이러한 이단의 특징 즉 '성경 외적인 권위(extra-scriptural source of authority)'를 가지고 있는 이러한 특징을 적절히 묘사하기를 '왼손에 하나의 성경(a Bible in the left hand)'이라고 한 것이다. Hutten은 오른손에는 성경을 그리고 왼손에는 '스웨덴보르그(Swedenborg Emanuel, 1688-1772)의 책'을 쥐고 있던 어느 스웨덴보르그[3] 사역자를 회상하면서, "모든 이단(cult)은 왼손에 그와 같은 성경을 가지고 있다"고 했던 것이다.[4] 어거스틴도 『마니교도 파우스투스에 답하여』 11.5에서 이와 유사한 주제에 대하여 언급한 바 있지만, 성경은 신성불가침성을 지니고 있음을 명백하게 했다: "후대에 기록된 수많은 책들 속에서 우리는 때때로 성경에서 볼 수 있는 것과 같은 진리를 발견

---

1) Cf. Augustine, City of God, 11.1. 여기에서 어거스틴은 성경은 모든 글을 능가하는 신적 권위를 가지고 인간의 모든 판단을 지배함을 말하면서, 성경은 인간의 지적 노력으로 만들어낸 것이 아니라, 하나님의 섭리에 따라 기록되었음을 말하고 있다.
2) Anthony Hoekema, op. cit., p. 378. Cf. Edmond C. Gruss도 그의 책 *Cults and the Occult* (Phillipsburg, NJ: Presbyterian and Reformed Publishing Company, 1974), p. 4에서 이 부분을 언급하고 있다.
3) 과학자, 신비가. 스톡홀름에서 목사의 아들로 출생. 하나님은 형상이 있는 인간이라고 하며, 다처를 두어 무한 수의 영들을 생산하여 공간에 거주케 한다고 함. 그들의 중요한 원리는 그가 쓴 「천국과 지옥」이다.
4) Hoekema, op.cit., p. 378에서 재인용. 원 출처: Hutten, *Die Glaubensweld des Sektierers*.

할 수 있다. 그러나 그 권위는 서로 다르다. 성경은 독특한 신성불가침성을 가지고 있다."

이러한 또 다른 하나의 성경은 곧 이단자들이 가지고 있는 소위 '직통계시의 결집물'인 것이다. 자신들은 정통기독교가 해석하지 못한 부분들을 해석할 수 있도록 계시를 받았다는 것이다. 특히 요한계시록과 같은 묵시적인 부분들에 대하여 자신들만이 '바른 풀이'를 할 수 있다고 주장하는데, 그들은 그들의 교주가 풀이한 해설서를 성경과 동일한 권위 혹은 성경 위의 권위로 간주한다.

그러나 초대교회 이후 성경은 정경화의 과정을 통하여 이미 최종적으로 확정되었다. 고대교회는 정경(正經, canon)에[5] 포함될 책들에 관한 논쟁들을 종식시키기 위하여 여러 차례에 걸쳐 공의회로 모였다. 그러나 R. Laird Harris가 그의 책 『성경의 영감과 정경성(Inspiration and Canonicity of the Bible)』에서도 잘 언급하고 있듯이, 성경은 교회의 결정이나 혹은 고대의 것들에 대한 숭배의 결과로서 권위있게 된 것이 아니며, 하나님의 감동에 의하여 기록되어졌기 때문에 권위있게 된 것이다.[6]

정경성의 기본적인 구비요건들은, Bruce M. Metzer가 그의 책 『신약

---

[5] F. F. Bruce, *The Canon of Scripture* (InterVarsity Press, Illinois, 1988), p.17. 여기서 Bruce는 'canon'이라는 은 히브리어의 qaneb에 기원을 두고 있는 셈족 단어로부터 빌어온 헬라어의 kanon에서 유래된 것으로 설명하고 있다. 그에 의하면 기독교적인 맥락에서, 이 canon이라는 것은 교회에 의하여 신적 계시 문서들로 인정된(acknowledged) 저술들의 목록으로 정의된다. 이러한 의미에 있어서 사용된 것은 알렉산드리아의 감독 Athanasius에 의해서 AD 367년경에 회람된 편지에서 처음이었다고 한다. Bruce가 동의하고 있는 이 견해는 R. P. C. Hanson, *Origen's Doctrine of Tradition* (London, 1954), pp.93, 133과 역시 Hanson의 *Tradition in the Early Church* (London, 1962), p. 247에 의한 것이다.

[6] R. Laird Harris, *Inspiration and Canonicity of the Bible* (Grand Rapids, Michigan: Zondervan Publishing House, 1977. 10th printing), p. 294.

의 정경(The Canon of the New Testament)』에서 잘 요약하고 있듯이, 신앙의 규칙(regula fidei), 사도성(apostolicity) 그리고 교회 전반에 걸친 계속적인 수용성(continuous acceptance)이나 사용(usage) 즉 교회들 간의 일치(consensus) 등이다.[7] 물론 F. F. Bruce는 그의 책 『성경의 정경 (The Canon of Scripture)』에서[8] 고대성(Antiquity) 즉 사도시대에 속한 것, 정통성(Orthodoxy) 즉 사도적 신앙, 보편성(Catholicity) 보편적인 교회들에 의한 것, 영감(inspiration)의[9] 문제 등을 고려하고 있다.

박형룡 박사는 계시의 충족성을 논함에 있어서 성경에 대한 여러 부적절한 견해들을 비평하고 있는데, 박박사가 계시의 영속성 즉 "성령의 계시는 전에 있은 것같이 지금도 있다. 하나님이 한때 자기를 계시하시고는 자기 계시를 중지 하였다고 생각할 이유가 없다"고 주장하는 이들에 대하여 제시하는 반박 성구는 갈 1:8-9이다. 즉 "복음 외에 다른 것을 전하는 자는 하늘로부터 온 천사라도 저주를 받으리라"고 했으니, 이는 분명히 이미 온 계시의 완성되었음과 다른 계시의 불필요함을 선언함이라고 한다.[10]

특별히 계시의 충족성과 관련하여 박형룡 박사는 A.A. Hodge의 견해에 동의하고 있다. 즉 "성경은 우리를 하나님에게로 인도하노라고 공언한다. 그 목적에 필요한 것은 무엇이든지 성경이 반드시 우리에게 가르칠 것이다. 만일 유전과 같은 어떤 보충적 법칙이 그 목적에 필요하면

---

7) Bruce M. Metzger, *The Canon of the New Testament* (Oxford: Clarendon Press, 1987), pp. 251-254.
8) F. F. Bruce, op. cit., pp. 255-269.
9) Cf.Archibald Alexander, op. cit., p. 290, 308. 여기서 프린스턴 신학부의 교수였던 아키발드는 성령의 완전영감에 대하여 강조하고 또 확신하고 있다. '영감'에 대한 간략한 이해는 유해무, op.cit., p. 117. 참조하라.
10) 박형룡, 『박형룡 박사 전집』1권. 교의신학.서론 (한국기독교교육연구원, 1981), pp.295-296.

성경은 반드시 우리를 그것에 참조시켰을 것이다."라고 하면서 성경의 충족성 즉 완전성을 확언한다.[11]

A.A. Hodge는 그의 *Outlines of Theology*에서 어떤 의미에서 신앙의 규칙으로서의 성경의 완전성(completeness of Scripture)을 주장할 수 있느냐는 질문을 던지고 거기에 대하여 대답하기를, 이 계시는 신앙과 실제, 그리고 예배 양식 등의 모든 문제에 있어서 인간의 안내자로서 풍성하도록 충족하다(abundantly sufficient)고 했다. 그렇기 때문에 그 어떠한 인간적 고안들(any human inventions)의 필요성과 권리를 배제한다고 밝힌다.[12] 물론 개혁주의적 견해와는 달리 로마교는 교회의 전통을 앞세우면서 성경의 충분성을 부인한다.[13]

박윤선 박사는 그의 『개혁주의 교리학』에서 성경의 충족성을 성경의 완전성으로도 지칭하면서 말하기를, "로마 카톨릭교는 성경이 불완전한 점이 있다는 의미에서 거기에 교황들의 유전(遺傳)을 보충한다. 그러나 개혁주의는 성경 그것만으로 우리의 신앙생활을 교도하기에 언제나 충족하다고 본다."고 했다.[14] 그러면서 신약계시의 최종성 혹은 완전성의

---

11) Ibid., p.288. 그는 여기에서 A. A. Hodge의 *Outlines of Theology*, p.85를 참조하고 있다.
12) A. A. Hodge, *Outlines of Theology* (Zondervan Publishing House, 1972), p.84. Hodge는 p.85에서도 이 부분을 언급하고 있다: "They furnish all necessary principles for the government of the private lives of Christians, in every relation, for the public worship of God, and for the administration of the affairs of his kingdom."
13) 유해무, op.cit., p.122. 여기서 유해무 교수는 로마교가 제2바티칸회의 후 트렌트회의와는 달리 성경의 충분성에 근접하지만, 올바른 성경 해석은 오직 교회 안에서만 이루어진다는 종전의 입장을 견지하고 있음을 말한다.
14) 박윤선, 『개혁주의 교리학』 (영음사, 2003), p. 46. Cf. Robert Shaw, *An Exposition of the Westminster Confession of Faith* (Christian Heritage, 1998), pp.50-52.
15) "옛적에 선지자들로 여러 부분과 여러 모양으로 우리 조상들에게 말씀하신 하나님이 이 모든 날 마지막에 아들로 우리에게 말씀하셨으니 이 아들을 만유의 후사로 세우시고 또 저로 말미암아 모든 세계를 지으셨느니라." Cf. 박형룡 박사는 계시의 완전성을 말할 때 딤후 3:15-17; 요 20:31 등을 언급하고 있다. 특히 그는 A.A.Hodge의 견해에 줄곧 동의하면서 논의를 전개시키고 있다. 이것은 Hodge의 Outlines, p. 85에서 서술되고 있는 내용이다. 그리고 계시의 명쾌성(perspicuity)에 대한 근거로 Hodge가 제시하고 있는 구절들은 다음과 같다 (p.86): 시19:7,8; 119:105,103; 고후 3:14; 벧후 1:18,19; 합 2:2; 딤후 3:15,17.

근거로서 히 1:1-2을 언급한다.[15]

Robert Shaw도 그의 『웨스트민스터 신앙고백서 강해』에서 이 부분에 대하여 성경의 완전성(perfection of the Scripture) 개념을 설명하고 있는데, 그는 말하기를 우리가 성경의 완전성 개념을 주장한다는 것은 성령의 새로운 계시들(new revelations)을 가식하는 열광주의자들(enthusiasts)의 가식된 계시(pretended revelations)에 반대하는 것이라고 명시하고 있다.[16]

물론 성경은 어떤 인물과 장소와 사건들과 상징들에 대한 상세한 설명을 하지 않고 있는 부분들이 많다.[17] 그렇지만 성경은 죄인인 인간이 구원을 받고 성장해가기에 충분한 지식을 주고 있다. 우리들은 하나님 자신의 영광과 인간의 구원, 신앙, 그리고 삶을 위해 필요한 모든 것에 관한 하나님의 완벽한 권고가 성경에 명시적으로 기록되어 있거나, 아니면 성경으로부터 정당하고 필연적인 결론으로 유추될 수 있다는 사실을 알아야 한다.[18] 게다가 성경에 기록된 모든 것들이 그 자체가 동일하게 평이한 것도 아니며 모두에게 동일하게 분명한 것도 아니지만, 구원을 위해 꼭 알아야 하고 믿어야 하고 준수해야 하는 것들은 성경의 여기저기에 매우 분명하게 제시되어 있고 열려 있어서, 유식한 사람뿐 아니라

---

16) Robert Shaw, op. cit., p. 50. 여기서 Shaw는 이 부분을 거짓 선지자들의 일어남에 대한 그리스도와 사도들의 말씀(마 24:11,24)에 근거하여 새 계시들이 성경에 첨가될 수 없음을 확언하고 있다. "No new revelations are to be added to the oracles of God, for Christ and his apostles have foretold the rise of false prophets, and warned us not to give heed to their pretended revelations."
17) Ibid. 여기에서 Shaw는 성경의 완전성 개념에 대하여 설명하는 가운데 이 부분을 설명하고 있다. 즉 우리가 성경의 완전성을 주장한다고 할 때 그것은 성경에는 종교에 대한 모든 조항들이 그렇게 많은 말들로 담겨져 있다고 주장하지는 않는데, 그렇지만 우리는 성경으로부터 연역되는 좋고도 필요한 결과들은 신앙과 실제의 규칙의 일부로서 받아들여진다고 한다.
18) 『웨스트민스터 신앙고백서』 1.6; Cf. James Bannerman, *Inspiration: the infallible Truth and Divine Authority of the Holy Scriptures* (Edinburgh: T. And T. Clark, n.d.), p.587.

무식한 사람도 평범한 수단을 바르게만 사용하면 그것들의 충족한 이해에 도달할 수 있다는 것을 알아야 한다.[19]

즉 우리는 『웨스트민스터 신앙고백서』 1.6에서 말씀하고 있는 것처럼, "어느 때라도 새로운 계시나 인간의 유전으로서는 아무 것도 성경에 더할 수 없다." 『웨스트민스터 대교리문답(The Westminster Larger Catechism)』 제3번에서도 '하나님의 말씀은 무엇인가?' 라는 질문을 던지고 있다.

Johannes G. Vos는 이 부분에 대한 주석 가운데 Vos는 로마 카톨릭 교회는 교회의 전통으로써 하나님의 말씀을 무익하게(void) 했으며, 메리 베이커 에디(Mary Baker Eddy)의 추종자들은 그녀의 저술인 『Science and Health with the Key to the Scriptures』를 성경과 나란히 하나의 권위로써 둠으로써 에디의 책이 그들의 진정한 권위(their real authority)이며 성경은 무효화되었다(nullified)는 사실도 지적한다. 그런가 하면 신우회(the Friends)나 퀘이커교도들(Quakers)은 그들의 신비적인 내적의 빛(mystical inner light)을 그들의 신앙과 삶의 안내자로(as their guide for faith and life) 강조함으로써 성경을 '내적인 빛'에 종속시키는 결과를 초래했음을 지적하고 있다.[20]

거기에 대해 Johannes G. Vos는 그의 『웨스트민스터 대교리문답 주석』에서 인간이 성경에다 나란히 다른 어떤 규칙(some other rule)을 첨가할 때에 이것이 성경의 권위에 대하여 어떤 효력을 발생할 수 있을까

---

19) WMC 1.7
20) Johannes G. Vos, *The Westminster Larger Catechism* (Phillipsburg, New Jersy: P & R Publishing, 2002), p. 10. 물론 보스는 여기에서 퀘이커교도들 가운데는 다양한 부류가 있으며 모두가 다 같은 것은 아니라고 언급하기도 한다.

에 대하여 질문을 던지고 거기에 대하여 답변하기를, "필연적인 결과는 성경이 두 번째를 차지하게 될 것이며, 그 다른 어떤 것(규칙)이 인간의 신앙과 삶을 위한 진정한 권위(real authority)로 될 것"이라고 한 바 있다.[21]

그럼에도 불구하고 이단 지도자들과 추종자들은 '성경' 이외에 어떤 책을 성경의 권위로 추켜세우거나, 혹은 성경을 가지고 주장하지만 기존 교회의 성경해석을 배제하고 독단적인 해석을 한다.[22] 이 양자는 다 '계시론적 문제점'을 가지고 있는 것이다. 인간이 성경을 억지로 풀려고 할 때 대부분 오류에 빠지게 된다. 신자는 성경이 언급하고 있지 않는 것에 대하여 침묵할 수 있어야 한다. 하나님께서 침묵하고 계시는 것에 대하여 인간이 억지로 풀려고 하다가는 주관에 치우쳐 자칫 잘못하면 이설을 주장하기에 이르게 된다.

---

21) Ibid.
22) Ronald M. Enroth, *Youth, Brainwashing and the Extremist Cults* (Zondervan Publishing House, 1977), p. 206. 여기서 Enroth는 Thielicke의 Between God and Satan을 인용하며 말하기를, 거짓 스승들은 그리스도의 참된 사역자들을 모방할 뿐 아니라 정규적으로 성경을 인용하고 그리고 성경을 그들의 목적을 위하여 곡해한다는 점을 잘 지적하고 있다. 그는 p. 208에서도 다음과 같이 지적한다: "Most cult groups display great skill in using biblical language and Christian terminology." Cf. 『웨스트민스터 신앙고백서』 1.3은 '외경'은 성경의 일부가 아니기 때문에 "따라서 그것은 하나님의 교회 안에서 아무 권위도 가지지 못하며, 어떤 방식으로도 다른 인간의 저작물과 다르게 인정되거나 사용되어서는 안 된다"고 명시하고 있다. 이러한 원리에서 조명해 볼 때, 성경 이외의 그 어떠한 인간의 저작물도 '성경적 권위'를 지닐 수 없음을 인식해야 한다.

2. 직통계시 형태에 대한 칼빈의 견해

물론 칼빈은 "직통계시"라고 하는 표현을 사용하지는 않았다고 할지라도, 그는 『기독교강요』 I.ix.에서 성경 계시에 대하여 잘못된 견해를 가지고 있던 그러한 부류 즉 '광신자들'(the fanatics)에 대하여 논하고 있다.[23] 광신자들은 성경을 배척하고, 계시를 넘어가며, 모든 경건의 원리들을 넘어뜨린다고 지적한다. 이 광신자들이란 칼빈의 소논문 「환상적이고 광적인 종파 리버틴당을 반박함에 대하여 *Contre la secte phantastique et des Libertins* (1545)」에서도 다뤄진 리버틴당을 의미한다고 John T. McNeill은 주석한 바 있다. 그들은 성경을 저버리며 하나님께 다가가는 어떤 길이(some way or other of reaching God)이 있다고 상상하는 이들이다.

그들에 대한 칼빈의 평가는 신랄하다. 칼빈은 그들을 가리켜 말하기를, "저들은 오류(errors)에 빠져 있는 것보다 오히려 광란(frenzy)에 빠졌다고 생각되어져다 한다."고 말했다.[24] 칼빈은 이 글의 말미에서 딤후 3:16-17의 말씀을 상기시키면서, 하나님의 자녀들을 궁극적인 목적에까지(even to the final goal) 인도하시는 것인 성경의 목적을 덧없는 것(fleeting)이며 일시적인 것(temporal)이라고 여기는 것이 얼마나 마귀적인 광란(devilish madness)인지를 냉소적으로 반문하고 있는 것이다.[25] 교만으로 가득 찬(swollen with pride) 광신자들(fanatics, 헬음.

---
23) Inst. I.ix.1.
24) Inst. I.ix.1.
25) Inst. I.ix.1.

enthousiastai)은 부주의하게 하나님의 말씀을 뒤흔들어 놓으며 작별하는 이들이다. 그들은 그들이 코를 골고 있는 동안에 그들이 상상할 수 있는 무엇이라도 응시할 때 어떤 탁월한 조명(excellent illumination)을 고려하는 이들이라고 지적한다.[26]

그리고 칼빈은 그러한 광신적 그룹과는 전혀 달리 하나님의 자녀들은 건전성(sobriety)을 지니고 있는데, 하나님의 자녀들은 그들 자신을 하나님의 성령 없이는 모든 진리의 빛을 잃기 때문에 말씀(the Word)이란 그것을 가지고 주님이 신자들에게 그의 영의 조명을 시사해주는 기관(instrument)임을 모르지 않고 있다고 한다.[27] 그리고 하나님의 자녀들 즉 신자들은 사도들 속에 거주하고 말씀하시며, 그리고 그분의 말씀(oracles)에 의하여 그들이 계속적으로 말씀 청취에로 부름을 입고 있는 그분 외에 또 다른 영(no other Spirit)을 모르기 있기 때문이었다고 하는 사실을 강조한다.[28] 사실 칼빈은 철저하게 성경적인 견해를 견지한다. 그는 광신자들에게 혹시 그들이 주님께서 제자들에게 약속하셨던 그분 외의 다른 영(another spirit)에 취해있는지를 묻고 싶다고 할 정도였다. 그 언급에 대한 결론으로 칼빈은 말하기를, "그러므로 우리에게 약속된 성령은 새롭거나 들어보지도 못한 계시를 고안하거나 어떤 새로운 유의 교리(new kind of doctrine)를 강요하려는 과업을 지니지 않으며, 복음에

---

26) Inst. I.ix.3.
27) Inst. I.ix.3.
28) Ibid.
29) Inst. I.ix.1.
30) Inst. I.ix.3. 여기서도 칼빈은 요16:13절 이하의 진리의 성령은 자기가 말하지 않고 이미 말씀으로 전한 것을 사도들의 마음에 시사하여 또 가르쳐 준다고 하는 사실을 강조하고 있다.

의하여 명령되어진 바로 그 교리(very doctrine which is commended by the gospel)로써 우리의 마음을 봉인하기 위한 과업을 가지신 것이라"고 단언한다.[29] 즉 칼빈은 철저하게 주님께서 성령을 보내셔서 하기 원하셨던 것을 '말씀에 대한 효과적인 확증(the efficacious confirmation of the Word)'이라는 문제와 연관시켜서 생각하고 있는 것이다.[30]

에필로그

　필자의 이단 관련 첫 번째 책인 『이단 진단과 대응』을 내놓은 지 2년이 지났습니다. 그 즈음부터 필자는 평신도들 특히 이단에 연루된 성도들이 자신들이 다니고 있는 단체에 대하여 스스로 파악하고 자가진단을 내릴 수 있는 책자를 구상했습니다. 그 결과 금번에 이렇게 상담을 통하여 제기된 문제점들을 중심으로, 필자가 상담한 내용과 또 그 내용들에 대한 보완적인 연구를 거쳐 이 책을 내놓게 되었습니다. 미미한 작업이지만 주님에 의하여 꼭 필요한 사람들의 손에 들어가게 되기를 기도합니다. 저의 부족한 소견들이 이단문제에 직면한 귀한 성도들께 자그마한 지혜를 전달해 주기를 바라는 마음입니다.

　이 한권의 소책자가 나오기까지 부족한 필자에게 조언해주며 정보를 전달해주었던 이단 상담 및 연구 동역자들과 초교파적인 전문연구기관들 그리고 일선에서 수고하시는 이단 취재 기자님들께 감사드립니다.

　향후 필자는 우리 사회에서 이단 연구가 하나의 학문적인 성격으로 자리매김할 수 있도록 하기 위한 저술과 이단대응정책의 이론과 실제적인 책들과 교리문답을 통하여 이단방어교육이 더욱 잘 이뤄질 수 있도록 하는 일련의 책들을 집필할 계획입니다. 금번의 이 책자는 주님께서 허락하시는 때까지 계속하여 수정 보완 해 가려고 합니다.

참고문헌

- 김영재. 『기독교회사』. 이레서원. 2000.
- 대한예수교장로회총회(통합). 『사이비이단연구보고집』. 한국장로교출판사. 2001.
- 민경배 『한국기독교회사』. 대한기독교서회. 1972.
- 박윤선. 『개혁주의 교리학』. 영음사. 2003.
- 박형룡. 『박형룡 박사 저작 전집』 1권. 교의신학. 서론. 한국기독교교육연구원. 1981.
- 박형룡. 『박형룡 박사 저작 전집』 IV. 교의신학. 기독론. 한국기독교교육연구원. 1983.
- 예장고신. 『이단 및 불건전 집단』. 1998.
- 유해무. 『개혁교의학』. 크리스챤 다이제스트. 1998.
- 이대복. 『통일교 원리비판과 문선명의 정체』. 큰샘출판사. 1999.
- 정동섭. 『구원파를 왜 이단이라 하는가?』. 죠이선교회. 2004.
- 채기은. 『한국교회사』. CLC. 1978.
- 한기총. 『이단사이비 종합자료 2004』. 한기총 이단사이비대책상담소. 2004.
- 한정건. 『이사야서 강해』. 고려신학대학원. n.d.
- 현대종교 편. 『한국의 신흥종교』 자칭 한국의 재림주들. 현대종교 국제종교문제연구소. 2002.
- Augustine, *The Confessions*. The Nicene and Post-Nicene Fathers. Grand Rapids: Eerdmans. 1983.
- Augustine. *City of God*. The Nicene and Post-Nicene Fathers. vol. 2. Grand Rapids: Eerdmans. 1983.
- Augustine. *Enchiridion*. The Nicene and Post-Nicene Fathers. Grand Rapids: Eerdmans. vol. 3. 1983.
- Augustine. *Of the Morals of the Catholic Church*. The Nicene and Post-Nicene Fathers. Grand Rapids: Eerdmans. vol. 4. 1983.
- Augustine. *On the Trinity*. The Nicene and Post-Nicene Fathers. Grand Rapids: Eerdmans. vol. 3. 1983.
- Augustine. *Reply to Faustus the Manichaean*. The Nicene and Post-Nicene Fathers. Grand Rapids: Eerdmans. vol. IV. 1983.

- Bannerman, James. *Inspiration: The Infallible Truth and Divine Authority of the Holy Scriptures*. Edinburgh: T. And T. Clark. n.d.
- Berkhof, H. *Christ The Meaning of History*. Grand Rapids: Baker Book House. 1979.
- Berkhof, Louis. *Systematic Theology*. Grand Rapids, Michigan: Erdmans. 1981.
- Bruce, F. F. *The Canon of Scripture*. InterVarsity Press, Illinois. 1988.
- Butterfield, H. *The Origins of History*. New York: Basic Books, Inc.. 1981.
- Cullmann. *Christ and Time*. Philadelphia and London: Braford & Dickens. 1951.
- Enroth, Ronald M. *Youth, Brainwashing and the Extremist Cults*. Zondervan Publishing House. 1977.
- Gonzales, J. L. *A History of Christian Thought*. Vol.2. From Augustine to the Eve of the Reformation. Nashville: Abingdon Press. 1985.
- Gruss, Edmond C. *Cults and the Occult*. Phillipsburg, NJ: Presbyterian and Reformed Publishing Company. 1974.
- Harris, R. Laird. *Inspiration and Canonicity of the Bible*. Grand Rapids, Michigan: Zondervan Publishing House. 1977.
- Hexham, Irving & Poewe, Karla. *Understanding Cults and New Religions*. Wm. B. Eerdmans Publishing Co. 1986.
- Hodge, A. A. *Outlines of Theology*. Zondervan Publishing House. 1972.
- Hoekema, Anthony A. *The Bible and the Future*. William B. Eerdmans Publishing Company. 1979.
- Hoekema, Anthony A. *The Four Major Cults*. Grand Rapids, Michigan: W. B. Eerdmans Publishing Company. 1986.
- Hutchinson, Janis. *Out of the Cults and Into the Church*. Grand Rapids, Michigan: Kregel Publications. 1994.
- Koch, Kurt E. *Demonology, Past and Present*. Kregel Publications. 1973.
- Ladd, G. E. *The Blessed Hope*. Grand Rapids, Michigan: Eerdmans Printing Company. 1984.
- Lee Seung Mi. *The Parakletos in the Godspel of John, Chapters 14-16*. PU Vir CHO. 1982.
- Metzger, Bruce M. *The Canon of the New Testament*. Oxford: Clarendon Press. 1987.
- Mounce, Robert H. *The Book of Revelation*. W. B. Eerdmans Publishing Company. 1977.

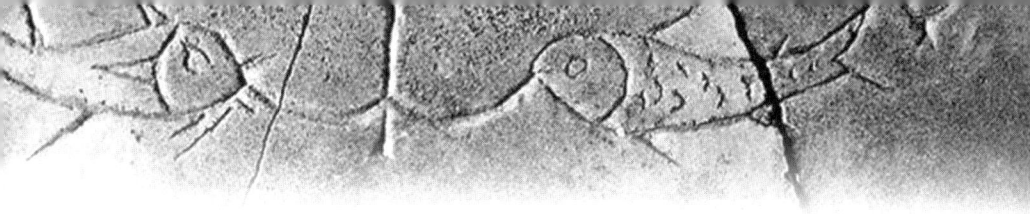

- Neff, LaVonne. "Evaluating Cults and New Religions" In *A Guide to Cults & New Religions*. ed. Ronald Enroth & Others. IVP. 1983.
- Robertson, Archibald T. *Word Pictures in the New Testament*. Vol. V. Nashville, Tennessee: Broadman Press. 1932.
- Roper, D. L. *A Christian Philosophy of Culture*. Potchefstroom: Pro Rege. 1982.
- Rushdoony, Rousas J. *The Biblical Philosophy of History*. Nutley, New Jersey: Presbyterian and Reformed Publishing Co. 1969.
- Shaw, Robert. *An Exposition of the Westminster Confession of Faith*. Christian Focus Publications. 1998.
- Stott, John R. W. *Basic Christianity*. Downers Grove, Illinois: Inter-Varsity Press. 1971.
- van Oort, J. *Jerusalem and Babylon. A Study into Augustine's City of God and the sources of his doctrine of the Two Cities*. Leiden: E.J. Brill. 1991.
- VanDooren, G. *Test the Spirits*. Premier Publishing. 1979.
- Vos, Johannes G. *The Westminster Larger Catechism*. Phillipsburg, New Jersy: P & R Publishing. 2002.

색 인

666	67
KJV	19
가계 저주	99
가정	47, 48, 95, 148
가족	95, 151, 156
개혁교회	34, 97
개혁주의	107, 127, 195
갱신 (만물의)	58, 65
경건	48, 127
계시론	15, 198
계시의 종료성	192
고신	66, 115, 175
공개적 자백	183, 184
교단	19, 54, 66
교리	24, 26, 34
교리문답	26, 34, 35
교황	195
구원론	23, 160
구원의 확신	27
권위	15
귀신	41, 44, 45
규범	140
그노시스파	31
기도	8, 9, 18

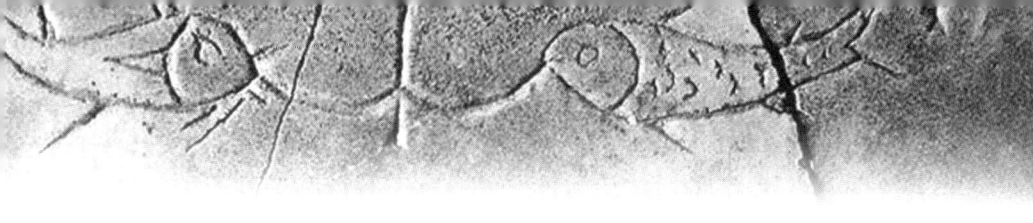

기도원	18
깨달음	38
내세론	51
넘어지는 현상	131
노바티안	36
노스틱주의	31
다락방	110
다신론	32, 34
당회	78, 80
대속물	38
대학	69
대학 캠퍼스	69
데미우르고스	32
도르트 신경	28
동방	56, 57
로마신경	123
마귀	36, 41
마귀론	76
말세론	76
말씀	15, 16
모더니즘	73
모양	166
목회자	16, 45, 79, 95
몰몬경	58
몰몬교	58, 156
무료 교육	119, 120

무속	41
문화	69, 72
믿음	24, 38, 39, 93
밀가루	113
바코드	67
방언	47, 48, 107, 118, 125
백남주	137
번역본	19, 20
범죄	45, 180
법적 대응	148
보혜사	89, 90, 91, 92
비유	59
빈야드 운동	131
사도 요한격	93
사도성	194
사도신경	123, 137, 166
사벨리우스	31
사본	20
사이비 단체	5, 6, 72
사탄	36, 37, 38, 42, 43, 45
사탄배상설	36, 37, 38
사탄속상설	37
삼분설	187
삼위일체	32, 35, 36, 78
생사여탈권	108
서클	69, 73, 74, 153

선교회	120, 134, 141
성경	15, 18, 19, 20, 21, 22
성령	24, 33, 89, 91, 130, 132
성령론	89, 160
성부	31, 34, 35, 36
성부고난설	30
성자	30, 31, 35, 36
세례	78
속전	37
스웨덴보르그	192
승천	59, 64
신론	160
신비	129, 130, 132, 133, 134, 136, 137, 138, 140, 142, 143, 174
신앙고백서	27, 30, 34, 35, 36, 65, 97, 122, 181, 182
신앙생활	48, 95, 98, 140
신유	47, 48, 113, 114, 118
신인동형동성론	36
신인합일	165
신학자	122, 128
신화	167
심판	65, 123
십자가	30, 31, 38, 123, 174
쓰러짐 현상	131, 132
아리우스	36
아타나시우스 신경	34

안수	82, 115, 117
안찰	116, 117
양태론	31, 33
어거스틴	37, 63, 72, 92, 170, 180, 187, 192
엘리야	56
역사적 교회	93, 159
영감	193, 194
영서	125
영성	127, 128, 134, 135, 141
영적 단계	128
영지주의	31, 32, 38
영혼 결혼식	109
영화	97
예배	83, 84, 105, 111, 121, 123, 145
예언기도	135, 136
요한계시록	21, 56, 193
욕구	155, 156
우상화	16
원소	170, 171
원죄	32, 100, 181
웨스트민스터 대교리문답	26, 197
웨스트민스터 소교리문답	35
웨스트민스터 신앙고백서	30, 35, 65, 97, 181
유니테리언	32, 78
유명화	137, 139
이단 경영 단체	85

이단 규정	161, 176
이단 대처 방법	75, 134, 150
이단 시비	78, 79, 87
이분설	186, 187
이설(異說)	21, 45, 102, 103, 161
이설주장자	6, 21, 104
이용도	138
이원론	106, 146
인간론	165
자범죄	109, 179, 180, 181, 189
장막성전	56
장자총회	54
재림	53, 57, 59, 60, 61, 62, 64, 68
재림 날짜	68
전도	87
전통종교	167
정경	21, 193
정통	16, 26, 34, 44, 81, 84, 86, 87, 93, 96, 168, 176, 180
제직회	80, 81, 95
조명	20, 200
조상의 혼	41
종말	56, 57, 58, 62
종말론	62, 66, 67, 68, 160, 168
종말론 (시한부)	68
죄	27, 180
죄론	168

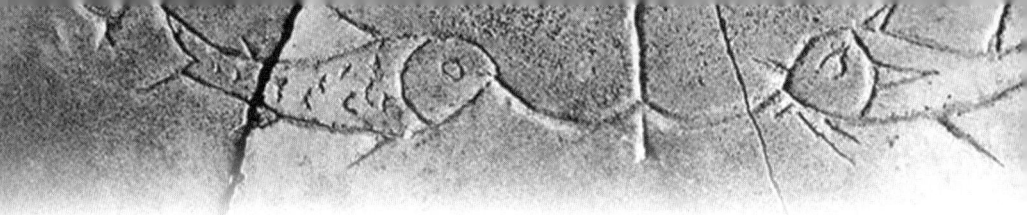

중생한 영	187
직통계시	125, 129, 130, 192
진리회	148
질병	45, 46, 115, 135
창조	31, 42, 62, 166
창조 (무로부터)	170
창조론	169, 170
천국	51, 52, 54
천국 (해, 달의)	58
천사	41, 42
천사 (악한)	44, 45
천사동원권	173
천사론	173
천주교 (로마)	78, 127
청계산	56
체벌 (회초리)	101
초대교회	21, 31, 81
초신자	96, 154
침투	70, 75, 147
칼빈	55, 188, 199, 200
캠퍼스	69, 70, 71
타락	42, 43, 56, 185
통일교	139
트레스 디아스 (T.D.)	140
평신도	6, 45, 120
포교전략	69

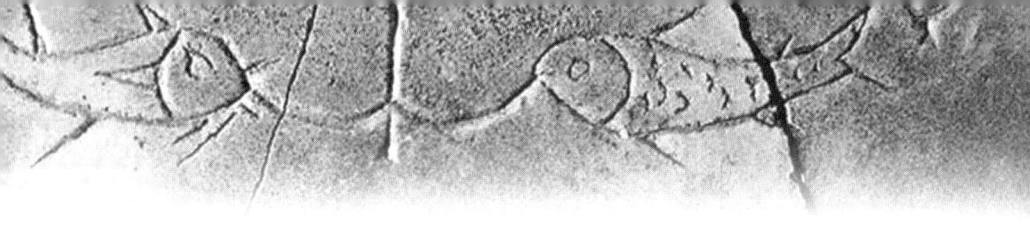

포스트 모더니즘	73
피가름 교리	138, 139
피값	36, 37
하이델베르그 교리문답	34
한국기독교총연합회	54, 105, 161
한국장로교총연합회	105, 161
한울님	167
한준명	137
형상	166
환상	18, 139, 174, 199
황국주	138, 139
회개론	168
힐베틱 신앙고백서	36

상담을 통해 본 이단의 모습

인 쇄 일 | 2006년 4월 30일
발 행 일 | 2006년 5월 10일

저 자 | 최병규
발행인 | 장사경

펴낸곳 | Grace 은혜출판사
출판등록 | 제 1-618호(1988. 1. 17)
주소 | 서울 종로구 숭인2동 178-94
전화 | 744-4029
팩스 | 744-6578, 080-023-6578
홈페이지 | www.okgp.com
e-mail | okgp@okgp.com

ⓒ 2006 Grace Publisher, Printed in Korea

ISBN 89-7917-739-9   03230

은혜기획
기획에서 편집(모든 도서)까지 저렴한 가격으로 출판대행
모든 인쇄(포스터·팜플렛·광고문) 등을 저렴한 가격으로 제작대행

Tel : 744-4029   Fax : 744-6578
http://www.okgp.com   e-mail : okgp@okgp.com

※題字: 白石 金振和 長老 (정릉교회, 백석서실)